Alexander Sinowjew

Ohne Illusionen

Interviews, Vorträge, Aufsätze
Deutsch von
Alexander Rothstein

Diogenes

Inhalt

Über die Gähnenden Höhen

Beitrag für Radio Liberty

Zwei Jahre sind seit dem Erscheinen meines Buches *Gähnende Höhen* vergangen. Viele Menschen haben es gelesen. Es wurden die verschiedensten Ansichten geäußert. Es gab natürlich auch Vorwürfe. So hieß es, ich sei äußerst pessimistisch in bezug auf die Zukunft der menschlichen Persönlichkeit in der Gesellschaftsstruktur, die auf uns zukommt. Aber zu jedem Vorwurf gab es auch entgegengesetzte Meinungen. Es fanden sich beispielsweise Leute, die meinen scheinbaren Pessimismus für einen literarischen Kniff hielten, der den Zweck erfülle, dem Leser zu sagen: Man soll auf nichts und niemanden hoffen, jetzt hängt alles von einem selbst ab. Leiste Widerstand, denn der menschliche Fortschritt war immer nur das Ergebnis des Widerstandes von Menschen gegenüber der unmenschlichen Lawine der Geschichte – und wird es immer sein. Aufgrund von Gesprächen mit Lesern und aufgrund unzähliger Rezensionen habe ich feststellen können, daß vieles in diesem Buch genau so aufgefaßt wurde, wie ich es beabsichtigt hatte, aber vieles wurde auch wieder so interpretiert, daß ich es für notwendig befand, zu einigen Fragen Stellung zu nehmen. Es hat sich beispielsweise die ganz eigenartige Gewohnheit entwickelt, die Figuren des Buches zu entschlüsseln – herauszufinden, wer hinter dem Schwätzer, dem Schmierer, dem Denker, dem Doppelzüngler, dem Soziologen und anderen Helden steckt. Viele haben mit Entschiedenheit angenommen, daß es sich bei dem Doppelzüngler um Sinjawski handle, obwohl ich Sinjawski nie begegnet bin und seine Werke erst im Westen zu lesen begonnen habe. Drei Ehepaare erhoben Anspruch auf die Rolle des Soziologen und seiner Gattin. Bei dem Denker haben sich fünf an der Zahl betroffen gefühlt, wobei drei von ihnen über dichtesten Haarwuchs verfügen (zum Unterschied vom glatzköpfigen Denker der *Höhen*). Deshalb habe ich mit Vergnügen den Vorschlag von Radio Liberty angenommen, selbst zu erzählen, wie dieses Buch entstanden ist, welches seine Intentionen sind, über seine Struktur und seine Darstellungsmittel zu sprechen, über meine eigene Position, mein Verhältnis zur literarischen Tradition und über vieles andere. Ich werde versuchen, das zu tun, soweit es möglich ist und soweit mir dazu die Zeit reicht.

Es herrscht die Ansicht vor, ich hätte das Buch über viele, viele Jahre hinweg geschrieben (es heißt sogar, über Jahrzehnte hinweg!), indem ich immer mit dem Notizbuch herumgegangen wäre und aufgeschrieben hätte, was die Leute reden. Das ist natürlich Unsinn. Mit einem Notizbuch läßt sich ein halbwegs seriöses Buch nicht schreiben. Was die Gespräche der Leute betrifft, so sprechen diese untereinander über nichtssagende Belanglosigkeiten, die Sinn und Bedeutung verlieren, wenn man sie aus dem konkreten Zusammenhang reißt.

Bleiben Sie nur ein einziges Mal in einer Zechrunde nüchtern, und Sie werden über die geistige Armut und Geschmacklosigkeit der Gespräche – besser: des Geschreis, Geheuls und Geröchels – verblüfft sein! Und ein Notizbuch habe ich überhaupt nie in meinem Leben besessen, ich behalte alles im Gedächtnis, sogar -zig Telefonnummern und Adressen. Menschen, die mich gut kannten, könnten bestätigen, daß ich sogar die umfangreichen Logikvorlesungen, die für einen Zeitraum von drei Jahren konzipiert waren, im Kopf hatte und nicht auf Papier. Die *Gähnenden Höhen* habe ich 1974 geschrieben, wie es so schön heißt, in einem Zug, und zwar unter allgemein schwierigen Bedingungen in einem halben Jahr. Es stimmt, ich hatte schon ein langes und arbeitsreiches Leben hinter mir, in dem ich ständig die Gesellschaft beobachtete und studierte, die mich umgab. Und in meinem Kopf hatte sich dabei ständig Material angehäuft, das ausreichte, nicht nur die *Höhen* zu schreiben, sondern auch noch andere Bücher. Die Umstände haben es mit sich gebracht, daß ich begann, dieses Material zu Papier zu bringen. Und ohne es zu merken, war ich schon in der Sache drin.

Aber das soll nicht heißen, in meinem Kopf wäre schon das fertige Buch gewesen. In meinem Kopf existierte lediglich die Fähigkeit, ein Buch zu machen, aber noch nicht das Buch selbst. Ebenso wie es sich mit der umfangreichen Logikvorlesung verhält, die man Wort für Wort zu behalten außerstande wäre und die man nur jedes Mal wieder zusammenstellen kann, so ist es auch undenkbar, einen so riesigen Band wie die *Höhen* wortwörtlich im Kopf zu haben. Der Vorgang, ein Buch zu schaffen, bleibt doch der Prozeß, es zu schreiben. Jedesmal, wenn ich einen neuen Teil begann, wußte ich noch nicht, welche Figuren auftreten würden, wie sie sich verhalten würden und wie dieser Teil enden würde. Ich wußte nicht, welcher Teil auf den vollendeten folgen und ob es überhaupt einen nächsten geben würde. Die Umstände waren so, daß die Arbeit jeden Augenblick hätte unterbrochen werden können, von außen her, unabhängig von meinem Willen. Deshalb ist jeder Teil so geschrieben, als sei er der letzte, und das ist leicht an der Art des Schlusses dieser Buchteile zu erkennen. Ich konnte es mir nicht einmal leisten, an ein das ganze Buch durchziehendes Thema zu denken. Das Äußerste, das mir möglich war, ohne ein unvollendetes Buch zu riskieren, war die Beibehaltung der Figuren und die Weiterentwicklung der Ideen.

Im Laufe des Schreibens haben sich einige in verschiedener Hinsicht kuriose Dinge ereignet. Ich werde nur einen interessanten Fall erzählen: Nachdem ich ein bestimmtes Kapitel eines Buches geschrieben hatte, versteckte ich es und vergaß es völlig. Erst ein Jahr später entdeckte ich dessen Verschwinden. Bei der Rekonstruktion des Verlorengeglaubten entstanden 1975 die *Aufzeichnungen eines Nachtwächters* und die *Lichte Zukunft*.

Daß ich begann, die *Höhen* zu schreiben und überhaupt literarisch tätig zu werden, war kein Zufall für mich. Schon in jungen Jahren arbeitete ich an Wandzeitungen mit, erfand mündlich weiterzugebende Geschichten, bereicherte dann meinen Schulunterricht und meine Vorlesungen an der Universität, indem ich in die Literatur abschweifte. In Jugendjahren habe ich sogar Versuche unternommen, professioneller Schriftsteller zu werden. Und ich bin meinem Schicksal dankbar, daß sich die Sache zerschlagen hat. Es gab etwas, das mich vor dem entscheidenden Schritt zur Literatur zurückhielt. Was das war, ist jetzt schwer zu erklären. Ein Grund scheint mir klar: die Abneigung gegenüber den traditionellen, etablierten literarischen Formen. Ich habe natürlich ständig und viel gelesen. Aber nur sehr wenig hat wirklich meinem Geschmack entsprochen. Ich konnte nicht begreifen, wie gewöhnliche Menschen, die keine Literaturwissenschaftler oder andere Beamte der Kunst sind, mit Interesse Shakespeare, Dante, Tolstoj, Turgenjew, Gorkij lesen konnten. Die *Brüder Karamasow* habe ich eigentlich nur deshalb gelesen, weil ich das Buch als einziges hinter dem Bücherschrank eines Zimmers gefunden habe, das ich einmal mieten mußte. Dafür habe ich -zig Male Lermontow gelesen. Einer meiner Lieblingsautoren in meiner Jugend war Knut Hamsun. Im allgemeinen gefielen mir meist nur einzelne Werke von Schriftstellern oder einzelne Abschnitte in ihren Büchern. So zum Beispiel akzeptiere ich bei *Krieg und Frieden* von Tolstoj nur den historischen Abschnitt, und von Bulgakows *Der Meister und Margarita* nur jenen Teil, der Christus und Pilatus betrifft. Und von der zeitgenössischen russischen Literatur gilt meine Vorliebe dem *Treuen Ruslan* von Wladimow und *Moskwa-Petuschki* von Erofejew. Sie sehen, mein literarischer Geschmack hat keineswegs Modellcharakter. Vielleicht hätte ich, wäre ich in Kreisen professioneller Philologen und Literaten aufgewachsen, den wohltätigen Einfluß des Literaturinstituts und des Schriftstellerverbands erfahren, und die Dinge stünden anders. Aber das war nicht der Fall. Und ich bedaure das keineswegs. Ich bin sogar froh darüber, daß meine literarische Entwicklung und mein Geschmack so abnormal sind, daß ich dank dieser Tatsache viele Jahre mit dem Gefühl gelebt habe: entweder ich denke mir etwas von der Art aus, die mir entspricht, oder ich bleibe bis zum Ende meines Lebens Formallogiker. Zugegeben, das wäre auch nicht so wenig, denn ich glaube, ich habe auf dem Gebiet der Logik vieles tun können. Aber es geht nicht um die Quantität. Die Qualität meines Lebens (unabhängig vom Erfolg oder Mißerfolg als Schriftsteller) wäre eine andere gewesen. Und da haben mir – wenn es auch auf den ersten Blick verwunderlich erscheinen mag – meine langjährigen Forschungen als Logiker auf dem Gebiet der Sprache im allgemeinen und der Sprache der Wissenschaft und der Ideologie im besonderen sehr geholfen. Ich mußte mich nicht vergewaltigen und Phasen künstlerischer Entwicklung durchmachen. Die literarische Form, die ich benötigte, kam mit einem Schlag und vollendet zugleich, buchstäblich von der ersten Zeile des Buches an.

Selbst als ich die *Höhen* beendet hatte, rechnete ich

nicht mit ihrer baldigen Veröffentlichung und schon gar nicht mit einem literarischen Erfolg, auch wenn sowohl meine engsten Freunde, die einige Fragmente des Buches gelesen hatten, als auch meine Frau Olga, die mich inspiriert und mir später geholfen hatte und mein Redakteur und schonungsloser Kritiker zugleich war, mir schon nach den ersten Seiten garantierten, daß das Buch ein Erfolg würde, mich anspornten und keine Mühen scheuten, um es in Sicherheit bringen und herausgeben zu helfen.

Es besteht kein Zweifel darüber, daß die Literatur immer ein Spiegel der Gesetze der menschlichen Gesellschaft war. Aber eine ebenso anerkannte Tatsache ist es, daß die Beschreibung der Gesetze der Natur, der Gesellschaft und des Bewußtseins nicht Aufgabe der Literatur ist. Das ist Sache der Wissenschaft. Womit die Literatur sich beschäftigen soll, ist jedem aus den Schulbüchern bekannt. Die Literatur soll Fritz, Hans, Grete, junge Hunde, Schmetterlinge, Blumen usw. beschreiben. Sie soll beschreiben, welche Augen Hans hat, mit wem Grete schläft, wie Schmetterlinge flattern und wie Blumen duften.

Nun, Sie haben selbst Hunderte Bücher gelesen und wissen, wovon Literatur gehandelt hat, handelt und handeln wird. Aber ich habe beschlossen, mit dieser Tradition zu brechen. Ich bin kein professioneller Schriftsteller. Ich würde meine Arbeit nicht in den Sowjetischen Schriftstellerverband zur Diskussion tragen – ich weiß, was diese ehrwürdige Organisation wert ist.

Die Meinung der Literaturwissenschaftler läßt mich völlig kalt, denn wenn unsere Literatur insgesamt so bedrückend mittelmäßig ist, so braucht man auch nicht über die Literaturwissenschaft zu sprechen. Kurz gesagt, vor meinen Augen erschienen keineswegs die Gestalten jener Richter, deren Ansicht für mich wichtig gewesen wäre. Nachdem ich vorhatte, ein Schlüsselbuch zu schreiben, verbannte ich aus meinem Bewußtsein ein für allemal solch wachsame Hüter wie Glawlit, Zentralkomitee der KPdSU, KGB und andere Organisationen, die berufen sind, unsere Literatur auf einem hohen ideologisch-theoretischen und künstlerischen Niveau zu halten. Und ich beschloß, ein literarisches Buch zu schreiben, und zwar über die sozialen Gesetze der menschlichen Existenz und darüber, wie sie im Verhalten und im Bewußtsein der Menschen in Erscheinung treten. Daher sind meine Haupthelden nicht Hänse und Greten, Hunde, Schmetterlinge und andere Lebewesen, sondern die Gesetze des Seins als solche.

Ich betone, ich wollte nicht ein populärwissenschaftliches Buch über Soziologie schreiben, in der Art von Lehrbüchern der Philosophie, die im Hinblick auf das intellektuelle Niveau ungebildeter Hausfrauen konzipiert sind und die dann als Handbücher zur Erlangung niederster akademischer Grade empfohlen werden – sondern ich wollte ein literarisches Buch schreiben. Ohne Populärwissenschaft. Mit vollem Einsatz. Literarisch insofern, als ich Gesetze der menschlichen Existenz an Hand aktiver Figuren aufzuzeigen beschloß, beschreiben wollte, wie es ihnen in unserer Gesellschaft geht, womit sie sich beschäftigen, wie ihre Beziehungen untereinander aussehen usw. Sie darzustellen nicht als jene mystischen, bald edlen, bald grausamen, bald guten, bald wieder schrecklichen – jedoch stets großen Phänomene des Seins, wie dies die offizielle Ideologie und die – Sie gestatten – erbärmliche Soziologie tut, sondern ich wollte sie darstellen als jene gewöhnlichen schäbigen Nullen, die sie in Wirklichkeit sind. Das war also die Absicht des Buches. Und diese stand für mich von Anfang an fest. Ich konnte sie auf zehn Seiten ausführen oder auf hundert. Das Schicksal hat es gut mit mir gemeint: Es ließ mich viele hundert Seiten schreiben.

Ich könnte Ihnen natürlich auch eine Menge weiser Sätze sagen, etwa darüber, daß die Gesetze nicht an sich existieren, sondern daß sie sich erst im Verhalten bestimmter Menschen und Personengruppen manifestieren. Aber das werde ich nicht tun, denn so wahr das alles auch ist, so langweilig ist es, und wir befinden uns nicht in einem Abendkurs über Marxismus-Leninismus. Von eben diesen Erwägungen (nämlich, daß es nicht allzu langweilig sein sollte, und stellenweise sogar kurzweilig) habe ich mich leiten lassen, als ich darangegangen bin, meine Lebenserfahrung zu durchforsten, um daraus die Theaterkostüme für meine ungewöhnlichen Helden zu schneidern und ihnen die entsprechende Bühne zu geben. Da erinnerte ich mich, wie unser Dorf zerstört wurde, wie ich in der Kolchose arbeitete, wie ich in der Armee ein kühner Reiter war und von höchster Stelle

Lob dafür einheimste, daß ich – als sei's ein Wunder – nicht von einem alten dressierten Gaul gefallen war. Erinnerte mich daran, wie ich im Krieg Flieger war, dann Student, Feldarbeiter, Laborant, Lastträger, Lehrer, wissenschaftlicher Mitarbeiter. Eine Zeitlang zählte ich sogar zu den Vortragenden des Moskauer Parteikomitees, wobei ich allerdings nie propagandistische Vorträge halten mußte – dazu hatte man zuwenig Vertrauen zu mir. Und dafür gab es zwei Gründe: erstens – der betrinkt sich schon vor dem Vortrag, und zweitens – der kann weiß Gott was daherschwätzen und dann noch den labileren Teil der Zuhörerschaft in eine Spelunke schleppen. Kurz, Lebenserfahrungen waren im Überfluß vorhanden, und meine Helden brannten schon voller Ungeduld darauf, bis zum Hals darin einzutauchen. Andere Lebenserfahrungen hatte ich allerdings nicht, und so ist es ganz natürlich, daß ich als Schauplatz für die Handlung meiner Gesetze die Sowjetunion wählte. Ich betone, die Gesetze des Seins sind universelle Phänomene und überall gleich. Für sie ist es egal, wo sie in Pose gehen, ihre Grimassen und Verrenkungen produzieren. Aber die Sowjetunion ist ihnen auf seltene Weise entgegengekommen: Hier konnten sie souveräne Herren sein und Unfug treiben ohne die Einschränkungen, die die westliche Zivilisation mit sich bringt und die als Folge unserer Revolution im Keim erstickt wurden. Später haben mir viele gesagt, daß das in den *Höhen* gezeichnete Bild nicht nur für die Sowjetunion gelte, sondern daß auch im Westen ungefähr dasselbe vor sich gehe – wenn das tatsächlich der Fall ist, so empfinde ich Mitleid mit dem Westen. Ich freue mich jedoch darüber, daß mein Buch allgemeine Gültigkeit besitzt.

Gewisse Rezensenten und Leser meinen, ich hätte Ibansk aus Gründen der Tarnung erfunden (um nicht offen über die Sowjetunion zu sprechen, da dies gefährlich wäre). Das stimmt nicht. Ibansk – das ist eine literarische Verfahrensweise, durch die, wie mir scheint, die kritische Wirkung nicht abgeschwächt, sondern noch verstärkt wird. Da gab es keine Tarnmöglichkeit, das war mir und meinen Mitarbeitern von Anfang an klar. Ich habe es mir in erster Linie als Mittel ausgedacht, mit dessen Hilfe ich die Ergebnisse meiner Untersuchungen über die sowjetische Gesellschaft als Ergebnisse darstellen konnte, die für jede beliebige genügend große und entwickelte moderne menschliche Gemeinschaft mehr oder weniger Gültigkeit haben.

Nachdem ich nun einmal als Helden meines Buches die Gesetze des menschlichen Lebens gewählt hatte, war selbstverständlich ein besonderer Stil in Sprache und Denkweise erforderlich, den ich aber durch meinen Beruf beherrschte: nämlich der wissenschaftliche Stil einer bildlichen Denkweise. Ich erkläre kurz, was ich darunter verstehe.

Den Unterschied zwischen dem wissenschaftlichen Stil der bildlichen Denkweise und der Wissenschaft im strengen Sinn des Wortes illustriere ich an einem einfachen Beispiel, und Ihnen wird klar sein, was ich mit diesem Typ der Literatursprache meine. Um ein vollständiges und korrektes Bild von der Struktur einer Gesellschaft vom Typ der sowjetischen und von ihren grundsätzlichen Tendenzen zu geben, wäre eine große Zahl gut ausgebildeter Fachleute vonnöten, bräuchte man viele Meßwerte, statistische Daten, komplizierte Berechnungen usw. Ein einzelner Mensch schafft das nicht. Man ließe ihn auch gar nicht erst. Was bleibt einem übrig? Es stellt sich heraus, daß es Methoden einer individuellen (also einem einzelnen Menschen zugänglichen) Erforschung der gesellschaftlichen Existenz gibt, die es auch ohne geheime Daten und ohne präzise Berechnungen ermöglichen, ein mehr oder weniger richtiges Bild zu erhalten. Die Ergebnisse solcher Untersuchungen geben eine ausreichend sichere Orientierung für die Kategorie von Menschen, die am laufenden Strom des Lebens interessiert sind. Man kann beispielsweise mit Hilfe dieser Methoden die Tatsache feststellen, daß jede kommunistische Gesellschaft in privilegierte und in niedere Schichten gespalten ist und die Tendenz aufweist, die Unterschiede im Lebensstandard zu vergrößern, also eine Tendenz zur sozialen Ungleichheit. Genaue Zahlen (um wieviel der Lebensstandard der obersten Schichten höher ist als jener der untersten und wie schnell die Diskrepanz zunimmt) kann man allerdings nur mit Hilfe wissenschaftlicher Methoden erhalten. Das ist ziemlich kompliziert. Aber ich wiederhole, man kann die allgemeinen Charakteristika dieser Phänomene auch ohne professionelle wissenschaftliche Mittel erfassen, und ganz allein.

Aber das ist noch nicht alles. Jetzt erhebt sich die Frage nach den sprachlichen Mitteln, mit denen die erhaltenen Ergebnisse ausgedrückt werden sollen. Wenn man nur feststellt, der Kommunismus schaffe die soziale Ungleichheit unter den Menschen nicht ab, sondern ändere lediglich deren Erscheinungsform und verstärke sie noch (in relativen, aber zeitweise auch in absoluten Größen), so wird das keinen besonderen Eindruck machen. Ohne eine gewisse Anzahl von Tabellen, graphischen Darstellungen, Zitaten, Namen und anderen Accessoires der Wissenschaft wird es nicht überzeugend klingen. Aber was kann das Fehlen solcher Accessoires der Wissenschaft kompensieren und Ihren Gedanken die entsprechende Überzeugungskraft verleihen? Einzig eine besondere literarische Form, die Sprache, ein besonderer Typ von Bildern – kurz: eine ungewohnte Art Literatur. Eine Literatur, die Spezialisten und Literaturwissenschaftler zu formalen und moralischen Einwänden berechtigen würde, und es hieße: Das ist überhaupt keine Literatur. Soll es das heißen! Geht es etwa um diese Leute? Wenn Sie sich schon einmal die konkrete Aufgabe stellen, die Ergebnisse Ihrer Überlegungen auszudrücken und zu erreichen, daß Sie wenigstens ein paar Leute überzeugen, verschwenden Sie da etwa einen Gedanken daran, was professionelle Schriftsteller und Literaturwissenschaftler sagen werden? Um so eher als Sie sich ihre sauren Gesichter ausmalen können – übrigens auch mit Hilfe der Forschungsmethoden, auf die ich hingewiesen habe.

Zum Thema der sprachlichen Mittel des wissenschaftlichen Stils einer Denkweise könnte man vieles sagen – die Frage ist in höchstem Maße interessant. Ich beschränke mich lediglich auf ein paar kurze Bemerkungen. Ich weiß als Fachmann und Beobachter, daß das Leben nach Gesetzen sozialer Kombinationen abläuft, daß etwa in der modernen Massengesellschaft im Überfluß Gedanken, Worte, Phrasen, Taten, Dinge produziert werden, die unter den Menschen nach sozialen Regeln und nach Gesetzen der Wahrscheinlichkeit Verbreitung finden, jedoch nicht nach irgendwelchen »Gesetzen menschlicher Gerechtigkeit«, deren Bewahrer seinerzeit die Schriftsteller waren, die »Ingenieure der menschlichen Seele«. Deshalb spielt es keine Rolle, welche Hosen die Personen tragen, von welchem Wuchs sie sind und von welcher Farbe ihre Augen. Es ist gleichgültig, wem Sie den einen oder anderen Gedanken in den Mund legen, den Sie dem Leser mitteilen wollen. Hauptsache, er wird ausgesprochen. Deshalb habe ich fast ganz auf jede Art von Beschreibung verzichtet und mich ihrer nur in jenen Fällen bedient, in denen ihr eine eigene Bedeutung zukam. Daher habe ich meinen klugen Figuren erlaubt, Banalitäten und Dummheiten zu sagen, und den dummen, ab und zu tiefsinnige Ansichten zu äußern.

Gehen wir jetzt weiter zu der literarischen Verfahrensweise der Groteske und ihrer Beziehung zur Realität. Gestatten Sie mir, in diesem Zusammenhang eine kleine Geschichte zu erzählen. Es wurde einmal festgestellt, daß Tankwaggons Erdöl zu einer bestimmten Station transportierten, wo es in Tankwaggons eines anderen Zuges umgefüllt wurde, der den Weitertransport besorgte. Wieso? Ich versichere Ihnen, daß keine Einbildungskraft ausreicht, das auszudenken, was hier die allergewöhnlichste, graue, jeglicher Phantasie bare sowjetische Wirklichkeit zustandegebracht hatte. Es stellte sich heraus, daß man das Erdöl umfüllte, um den Streckendurchschnitt der Waggons zu senken! Und ich könnte Ihnen Tausende Beispiele dieser Art bringen: Aus ihnen besteht der Alltag in der Sowjetunion. Als ich ganz wenige solche Fälle in meinen Büchern beschrieb, nahm man das im Westen als kräftige Groteske auf. Aber die sowjetischen Leser, die ich treffen konnte, haben überhaupt nichts daran grotesk gefunden. Die einen haben darin eine Verleumdung gesehen, die anderen die Wahrheit. Aber niemand hat das Wort »Groteske« in den Mund genommen. Das menschliche Leben ist tatsächlich raffinierter, reicher und schrecklicher als jede literarische Phantasie. Mir scheint, hier gilt ein Gesetz, über das ich einige Worte sagen möchte. Wenn man das reale Leben etwa der Sowjetunion absolut genau beschriebe, so würde der westliche Leser (allerdings auch der sowjetische) dieses Bild einfach nicht für wahr halten, so erschreckend absurd, grausam, traurig und abscheulich würde es sein. Wenn ein Schriftsteller will, daß die Leser an die Wahrhaftigkeit seiner Darstellungen glauben, so wird er instinktiv oder bewußt nicht einfach versuchen, die nackte Wahrheit darzustellen, sondern eine Wahrheit im Rahmen der ästhetischen Rezeption. Aber jeder Ästhetizismus geht so oder so auf Kosten der Wahrheit, und dabei eher in Richtung einer Beschönigung.

In den *Gähnenden Höhen* habe ich ziemlich oft unanständige Ausdrücke verwendet und ebensolche Situationen beschrieben. Manche meinen, dies sei ein Spiegel der Realität in der Sowjetunion, wo sprachliche Unanständigkeiten florieren, besonders in intellektuellen Kreisen. Das mag zum Teil stimmen. Aber die wirkliche Unanständigkeit ist derb, hohl und unästhetisch. Unanständigkeit als literarisches Mittel hat völlig andere Quellen und eine andere Funktion. Ich habe dieses Mittel im speziellen dazu verwendet, um die realen Dimensionen der Personen und Geschehnisse wiederherzustellen, nachdem diese durch die offizielle Ideologie und Propaganda in den Himmel gehoben worden sind, und um mein Verhältnis zu den dargestellten Phänomenen zum Ausdruck zu bringen. Oft kommt man ohne Unanständigkeiten nicht aus, wenn man die Wirkung erzielen will, die man möchte. Dabei werden solche Mittel meist nur von jenen russischsprachigen Lesern als Unanständigkeiten empfunden, die normalerweise gewöhnt sind, sogar in ihrer Sprache zu heucheln. Es ist interessant, daß ich einmal von relativ kultivierten Leuten der Unanständigkeit bezichtigt wurde, die selbst während unserer Unterhaltung kein Blatt vor den Mund nahmen und sich einer Ausdrucksweise befleißigten, die geradezu ekelerregend und peinlich war.

Das war echte Unanständigkeit, und keineswegs literarische.

Ibansk und seine Personen und Ereignisse habe ich, um es nochmals zu betonen, wirklich erfunden und nicht als Material gesammelt, indem ich mit dem Notizbuch durch Moskau ging. Natürlich habe ich vieles verwendet, das mir über konkrete Personen und die reale Geschichte des Landes bekannt war. Aber ich bin kein Chronist und Geschichtsschreiber. Und ich bin natürlich gegen eine »Entschlüsselung« des Buchtextes. Gewiß, Kommentare der Art, daß dies oder jenes Anlaß für irgendwelche Passagen oder Teile des Buches war, daß diese oder jene Person Vorbild für eine bestimmte Figur war, wären nützlich. Aber man kann das Buch auch so lesen. Es stimmt, daß Stalin, Chruschtschow, Breschnew, Solschenizyn, Galitsch, Neiswestny, Jewtuschenko und andere Vorbilder für Figuren wie den Herrn und Gebieter, den Eber, Ober-Iban, Wahrheitsapostel, Sänger, Schmierer, den Hosenmatz usw. waren. Aber das ist auch alles. Selbst der Schmierer ist nicht Neiswestny, obwohl ich Fakten aus seinem Leben oft in meinem Buch verwendet habe. An der Figur des Schmierers in meinem Buch wollte ich das Schicksal eines Genies (als sozialpsychologisches Problem und nicht vom Werk her betrachtet) in der ibanskischen Gesellschaft zeigen, wobei ich dem Schmierer Gedanken zugeteilt habe, die ich beim echten Neiswestny zu beobachten nie Gelegenheit hatte. Überhaupt sind die Gedanken aller Personen des Buches meine eigenen Gedanken, die ich verschiedenen

Helden gegeben, aber keineswegs von anderen Leuten aufgeschnappt habe. Ich möchte damit nicht sagen, daß sie nicht auch andere schon gehabt hätten. Ich will damit nur sagen, daß das alles der Inhalt meines Bewußtseins ist, das im Interesse der Darstellung auf verschiedene Personen verteilt ist.

Ich bin beim letzten Punkt meiner Ausführungen angelangt, das ist die Position des Autors selbst. Man identifiziert mich oft mit den Überzeugungen meiner Helden. Manchmal bin ich einverstanden, manchmal nicht. Die Sache ist die, daß im Buch tatsächlich meine Position zutagetritt, aber so, daß der Autor eliminiert und den Personen die Möglichkeit gegeben ist, zu diskutieren und zu streiten. Deshalb akzeptiere ich nicht alles, was sie sagen. Und vieles von dem, womit ich mich identifiziere, übergehen sie mit Schweigen. Und dennoch glaube ich, daß jemand, der das Buch aufmerksam und wiederholt liest, die Position des Autors erraten und sogar seine eigene dabei herausarbeiten könnte. Und das Wichtigste an dieser Position ist die Tatsache, daß es sich nicht um angelernte erstarrte Phrasen oder Formeln handelt, sondern um einen Charaktertyp, um eine Denk- und Verhaltensweise, eine Reaktion auf etwas, das vor sich geht, eine grundsätzliche Lebenseinstellung. Ich kann in der einen Situation einen Standpunkt vertreten und begründen und in der anderen einen diesem völlig entgegengesetzten vorbringen. Das ist keine Prinzipienlosigkeit. Das ist einfach das Bedürfnis, eine Sache von einem anderen Aspekt her zu betrachten und eine andere Seite des Problems zu sehen. Manchmal geschieht das einfach aus Widerspruchsgeist. Ich bin wirklich weder ein Doktrinär noch ein Prophet oder Politiker und auch kein ehrbarer Professor. Ich lebe in der Sprache als einer besonderen Realität, und diese Realität ist kompliziert, widersprüchlich, fluktuierend. Da ist jeder Dogmatismus schädlich. Beständig an meiner Position ist nur eines: Streben nach Wahrheit und Widerstand gegen Vergewaltigung der Persönlichkeit – denn sonst ist man kein Mensch.

München, Oktober 1978

Zum Genre der sogenannten Science-fiction

Aus einem Vortrag am Kongreß über Science-fiction
in Brüssel, November 1978

Der Ausdruck Science-fiction ist logisch gesehen widersprüchlich. Wenn Ausführungen wissenschaftlich sind, so sind sie nicht fiktiv, wenn sie fiktiv sind, so sind sie nicht wissenschaftlich. Also ist dieser Terminus nur bedingt richtig. Wenn man damit das literarische Genre meint, das sich Science-fiction nennt, so ist dazu zu sagen, daß dieses in sich zwei einander zutiefst feindliche Phänomene birgt: die Erfindung allen möglichen Unsinns unter Verwendung von Material aus der modernen Wissenschaft und die Versuche, sich mit Hilfe von Phantasie und Daten der Wissenschaft Phänomene vorzustellen, die wir vorläufig in der Realität nicht beobachten können; dazu gehört auch der Versuch, sich den zukünftigen Zustand der Gesellschaft sowie andere mögliche Welten mit vernunftbegabten Lebewesen vorzustellen. Soviel ich beobachten konnte, überwiegt in der Science-fiction meist beträchtlich die Fiktion, das heißt der Nonsens, der sich auf wissenschaftliche Quellen beruft, ohne mit der Wissenschaft auch nur irgend etwas gemeinsam zu haben. Beispielsweise hat man im Zusammenhang mit den Ideen der modernen Physik sogar in wissenschaftlichen Kreisen oft von einer Änderung des Zeitverlaufs gesprochen, von dessen Beschleunigung oder Verlangsamung. Vom Standpunkt der Logik her ist das Unsinn. Aber Unsinn ist modern, denn er zeugt von progressiven Ansichten. Den Schriftstellern, die zu diesem Thema Fiktion im wahrsten Sinn des Wortes produzieren, gefällt dieser Unsinn. Sie stellen beispielsweise dar, wie Kosmonauten an einen ungeheuer weit entfernten Punkt des Alls fliegen. Sie fliegen ein Jahr, zehn Jahre, hundert Jahre. Da passiert etwas. Und sie beschließen, den Weltraum zu »durchlöchern« oder zu »verkleinern« oder etwas mit der Zeit anzustellen, und in wenigen Augenblicken sind sie am Ziel. Wozu, fragt sich, haben sie soviel Zeit für einen gewöhnlichen Flug vergeudet? Hätten sie sich auf den Weg gemacht und gleich diese Nummern mit Raum und Zeit abgezogen, dann wären sie gleich dorthin gekommen, wohin sie wollten. Allerdings – worüber hätte man dann geschrieben?

Ähnlich (wenn nicht noch schlimmer) sieht es mit der Science-fiction zu sozialen Themen aus. Da riecht es nicht einmal mehr nach Wissenschaft. Die Gesetze des Lebens in der Gesellschaft, wie sie für alle beliebigen menschlichen (und ähnliche) Kollektive gelten, werden völlig ignoriert. Da hat nur noch die Fiktion Platz, keine wissenschaftliche, sondern eine pseudo- oder antiwissenschaftliche Fiktion.

Ich habe nichts gegen phantastische Literatur irgendwelcher Art. Ich möchte nur darauf aufmerksam machen, daß Literatur so oder so eine ideologische Rolle spielt und dem Leser bestimmte Weltanschauungen, Ansichten über die menschliche Gesellschaft und Perspektiven des menschlichen Lebens nahebringt. Und deshalb hat in dieser Literatur auch jene eine Existenzberechtigung, die die tatsächlichen Gesetze der Natur, der Gesellschaft und des logischen Denkens einbezieht, auch wenn sie sich dabei der Mittel der literarischen Phantasie bedient. Ich bin davon überzeugt, daß eine derartige, im Prinzip realistische Grundlage der Literatur deren künstlerischen Möglichkeiten nicht den geringsten Abbruch tut. Man kann den Menschen auf hohem ästhetischem Niveau eine Wahrheit mitteilen. Und eine Lüge auf niedrigem ästhetischem Niveau. Meist geschieht letzteres.

Ich habe mich viele Jahre lang beruflich mit der Logik in bezug auf die Gesetze der Sprache beschäftigt. Und ebenso habe ich viele Jahre lang für mich gesellschaftliche Phänomene studiert, wobei ich mich bemühte, in ihnen etwas Gesetzmäßiges, Konstantes und Notwendiges zu entdecken. Ich möchte dazu von einigen Überlegungen berichten, die, wie mir scheint, auch für die Betrachtung der schönen Literatur nicht ganz ohne Nutzen sein dürften.

Literarische Werke sind Phänomene, die aus der Sprache bestehen – also sprachliche Phänomene sind. Mittels der Sprache kann man im Grunde alles ausdrücken, was man will. Jedoch nicht alles, worüber wir etwas aussagen können, muß unbedingt in der Realität existieren. Es gibt auch Inhalte sprachlicher Aussagen, die kraft der logischen Gesetze der Sprache in der Realität unmöglich sind. Es ist, beispielsweise, unmöglich, sein eigener Vater oder sein eigener Sohn zu sein. Logisch ausgeschlossen ist es auch, älter als seine Eltern zu sein, selbst wenn man sich auf die Gesetze der Physik berufen wollte. Man kann besser erhalten sein als seine Eltern und diese überleben – das ist banal. Aber älter sein nicht, denn gemäß der Definition der Begriffe »Zeugender« und »Gezeugter« ist der Zeugende immer älter als der Gezeugte, wenn sie gleichzeitig existieren. Andererseits wiederum lassen sich Phänomene, die einander scheinbar logisch widersprechen, durchaus logisch erklären – wie etwa die Möglichkeit, etwas gleichzeitig zu lieben und nicht zu lieben, oder die Möglichkeit von nützlichen und schädlichen Folgen ein und desselben Phänomens. Mehr noch, bei komplexen Geschehnissen und den komplexen Systemen ihrer Wechselwirkungen sind solche einander ausschließenden Tendenzen und Phänomene sogar unvermeidlich. Das gilt besonders für den Bereich des sozialen Lebens. Und eine Literatur, die bis zu einem gewissen Grad Anspruch auf Wissenschaftlichkeit erhebt, muß sich mit dieser Art von Phänomen auseinandersetzen. Zweifellos, die Literatur hat das Recht, sich aller sprachlichen Mittel zu bedienen, um ein erwünschtes Ziel zu erreichen, also auch die bewußte Aufhebung der Gesetze der Logik und eine Verdrehung der Gesetze der Natur und der Gesellschaft. Aber eben als Mittel der Darstellung, und nicht als Material für eine seriöse Darlegung mit Anspruch auf Niveau und

Weisheit. Wenn Sie zum Beispiel die Gesetze der Logik verletzen, ohne es zu ahnen, und sich dabei noch vorstellen, Sie verwendeten die neuesten Erkenntnisse der Wissenschaft, so ist das kein literarisches Darstellungsmittel. Das wird lediglich eine Demonstration der Unwissenheit oder Spekulation mit parawissenschaftlichen Ideen sein. Viele Witze beruhen auf der vorsätzlichen Aufhebung der Gesetze der Logik. Aber sie wirken eben dadurch so gut, weil das klar ist. Wenn die Tatsache der Aufhebung der Gesetze der Logik nicht klar wäre, wären diese Witze nicht komisch. Genauso verhält es sich mit den anderen literarischen Mitteln. Man erzählt beispielsweise folgenden Witz:

»Hast du's schon gehört«, sagt ein Mann zum anderen, »ein Krokodil hat den Generalsekretär der KPdSU verschlungen!« – »Und wie ist das ausgegangen?« fragt der andere. »Das Krokodil scheißt schon die zweite Woche Orden«, antwortet der erste.

In diesem Witz ist die Groteske offenkundig. Bekanntlich fressen Krokodile keine Parteiführer. Wenn letztere doch jemand verschlingt (allerdings nicht im wörtlichen, sondern im übertragenen Sinn), so sind das höchstens ihre Parteigenossen. Aber dieser Scherz bringt eine soziologisch unbestreitbare Wahrheit zum Ausdruck: Die Glorifizierung der Leader ist ein unabdingbares Merkmal der kommunistischen Gesellschaft. Dieser Witz ist eine Art von Science-fiction im besten Sinne des Wortes.

Ein paar Worte zu einer literarischen Form, die ich

den wissenschaftlichen Stil bildlicher Denkweise nenne. Das sieht folgendermaßen aus: Das Sie interessierende Objekt wird als solches nach allen Regeln der Wissenschaft studiert, aber nur soweit, als sich die Erkenntnisse einem einzelnen Forscher im Alleingang erschließen. Die Ergebnisse einer solchen Arbeit werden in einer literarischen Form besonderer Art dargelegt. In das literarische Werk werden theoretische Abschnitte eingearbeitet, die den Figuren des Buches zugeschrieben werden und zugleich den Zweck erfüllen, diese Personen zu charakterisieren. Manchmal wird die Theorie auch so dargelegt, daß der Anspruch auf Wissenschaftlichkeit völlig ausgeklammert oder bewußt gering gehalten wird. Andererseits werden alle traditionellen Mittel der Belletristik dazu verwendet, anschauliche Beispiele für allgemeine theoretische Behauptungen zu liefern oder sie zu konkretisieren. Dabei ist es nicht die Folgerichtigkeit oder die Verbundenheit der beschriebenen Geschehnisse untereinander, die die Einheit und Zielgerichtetheit des literarischen Werkes herstellen, sondern die Folgerichtigkeit und Verbundenheit der wissenschaftlichen Ideen untereinander.

Eines der unerläßlichen Elemente der literarischen Form, die die Ergebnisse der wissenschaftlichen Untersuchung im gegebenen Fall zum Ausdruck zu bringen hat, wird die Fiktion sein. Warum das so ist? Nun, schon deshalb, weil im gegebenen Fall die wissenschaftliche Untersuchung selbst nicht ohne abstrakte Modelle auskommt, ohne hypothetische Beispiele, ohne Erläuterungen an Hand von imaginären Situationen. Aber während dies in der Wissenschaft Formen und Mittel wissenschaftlicher Abstraktion sind, so erhält das, wovon ich spreche, in der schönen Literatur die Eigenschaften der literarischen Fiktion und wird so zum Mittel der Darstellung. Also wäre es falsch, alle konkreten (vom Standpunkt der traditionellen Literatur) Situationen in meinen Büchern einfach als Niederschrift dessen zu sehen, was ich gesehen und gehört habe. Natürlich habe ich aufmerksam verfolgt, was um mich vorging. Aber was ich sah und hörte, hätte von sich aus noch nicht Gegenstand von Literatur werden können. Alle diese Situationen habe ich wirklich erfunden. Ich habe sie sogar zu einer Zeit erfunden, als sie scheinbar Parallelen in der Realität aufwiesen. Ich habe mich nur psychologisch auf diese Analogien gestützt, und das auch nur manchmal, aber in sprachlicher Hinsicht habe ich sogar Fakten der Vergangenheit neu dargestellt. Unter Verwendung wissenschaftlicher Methoden habe ich logisch denkbare Situationen und Personentypen buchstäblich errechnet. Und zeitweise habe ich erst im nachhinein ein Zusammentreffen meiner Fiktionen mit historischen Tatsachen und konkreten Personen entdeckt. Aber in vielen Fällen habe ich auch künftige Ereignisse vorausgesagt; darunter waren komische (beispielsweise die Verleihung des Marschallgrades an Breschnew und die des Leninordens für sein literarisches Schaffen), mitunter auch tragische (zum Beispiel der Tod eines Mannes, den viele für das Vorbild des Sängers in den *Höhen* halten: A. Galitsch). Ich glaube, das ist nicht paradox: In der Literatur ist nur die Fiktion das adäquate Mittel, um eine Lebenswahrheit auszudrücken, nicht aber die pedantische Wahrung historischer Fakten. Es heißt ja auch, wer nicht lügt, dem glaubt man nicht.

Ich habe nicht vor, den wissenschaftlichen Stil bildlicher Denkweise allen Schriftstellern zu empfehlen. Denn erstens ist es nicht so einfach, ihn zu beherrschen. Sehr viele Menschen arbeiten jahrzehntelang beruflich im Bereich der Sozialwissenschaften, aber ihre Denkmethode wird dennoch nicht wissenschaftlich. Und zweitens führt die Anwendung des Stils nicht immer zum Ziel. Er ist lediglich dann angebracht, wenn der Autor wichtige soziale Probleme berührt oder versucht, eine Gesellschaft in ihrer Ganzheit und inneren Gliederung darzustellen: als organisches Ganzes. Das ist der Stil meiner persönlichen Denkweise als Schriftsteller. Mir scheint, daß ich der erste war, der diesen Stil in so großem Umfang und ganz bewußt in der Belletristik verwendet hat. Übrigens, sollte jemand entdecken, daß ich Vorgänger hatte (und man ist diesbezüglich immer bemüht, solche zu finden), so werde ich keineswegs beleidigt sein. Ich werde höchstens sagen, daß dies ein Argument mehr zugunsten der Annahme ist, daß es ganz natürlich ist, diese Methode in der schönen Literatur anzuwenden.

Und schließlich noch etwas über Fiktion. Fiktion ist, rundweg gesagt, Lüge. Aber nicht jede Lüge ist Fiktion. Wenn beispielsweise die sowjetische Propaganda be-

hauptet, daß in der Sowjetunion Freiheit der Meinungs-
äußerung herrsche, so ist das Lüge, aber nicht Fiktion.
Wenn aber die Klassiker des Marxismus, die Männer,
die an der Spitze kommunistischer Länder stehen, die
unzähligen Theoretiker des Kommunismus und Propagandisten behaupten, daß im Kommunismus sich alles
Lebensglück über die Menschen ergieße wie aus einem
Füllhorn und daß das Paradies auf Erden erstehen werde, so ist das typisch fiktiv. Und natürlich eine Lüge
dazu. Aber eine spezifische Lüge, die in ihrer Art typisch
für die Fiktion ist. Ich nenne einige ihrer Züge: da ist
das Lügen über die Zukunft unserer Welt oder entfern-
ter Welten — überhaupt über das, was noch nicht ist,
was nie sein wird, was wir nie erleben werden usw. Da
ist weiter das Lügen nach ästhetischen Gesetzen. Mit der
Absicht, schön und fesselnd zu lügen. Wenn Sie beispielsweise den Sowjetbürgern für jede Familie eine
eigene Wohnung versprechen, ferner freien Zugang zu
den Universitäten für alle Mittelschulabsolventen, billi-
ges und qualitativ gutes Fleisch in allen Geschäften,
freie Touristenreisen in den Westen und vieles mehr, so
werden sie Ihnen um nichts in der Welt glauben. Sie
werden sagen, das sei alles Lüge, und nichts mehr. Wenn
Sie aber das Blaue vom Himmel verheißen – die Befriedigung aller Bedürfnisse, die Entfaltung aller schöpferischen Fähigkeiten, eine Lebenserwartung von fünf-
hundert Jahren ohne Krankheiten, Flüge zur Venus, so
wird sich darin schon ein Element der Fiktion bemerkbar machen, und wenn die Leute Ihnen schon nicht

glauben werden (viele werden es aber, denn Sie verheißen offen das Unmögliche!), so werden sie Ihnen auf jeden Fall mit Neugierde zuhören und Ihre Ausführungen als literarisches Werk aufnehmen – eben als Fiktion, wenn auch nicht so sehr als Science-fiction, sondern eher als Pseudo-science.

Aber die Fiktion kann man auch anders definieren, und zwar nicht als Absicht, Leuten allen möglichen Unsinn einzureden in üblichen literarischen Formen, sondern als bestimmtes literarisches Mittel, um über eine Realität die Wahrheit zu sagen. Und in der Geschichte der Literatur gibt es genügend Beispiele dafür – Voltaire, Swift, Schtschedrin, Samjatin, Orwell. Aber wenn diese Wahrheit, die Sie vermitteln wollen, dank der wissenschaftlichen Methoden erschlossen wurde, von denen ich gesprochen habe, so erhalten Sie einen neuen Literaturtyp in dieser Richtung. Zu dieser Richtung zähle ich mich. Und wenn der Terminus Science-fiction je angebracht war, so kann ihm die Literatur dieser Richtung vollkommen gerecht werden.

Brüssel, Oktober 1978

Der soziale Status des Marxismus

Vortrag an der Universität von Alcalá, Spanien

Der Frage des sozialen Status des Marxismus kommt insofern eine besondere Bedeutung zu, als sich die abschreckenden Geschwüre der kommunistischen Gesellschaft, die angeblich nach marxistischem Plan errichtet wurde und errichtet wird, mit aller Deutlichkeit offenbaren. Um sich in dieser Sache zurechtzufinden, muß man zuvor zumindest folgende Unterscheidungen vornehmen: 1. zwischen Wissenschaft, Religion und Ideologie; 2. zwischen dem, was der Marxismus zu sein beansprucht, und der Realität, zwischen seiner anpassungsfähigen Form und seinem unter einer Maske verborgenen Wesen; 3. zwischen der Rolle des Marxismus dann, wenn eine bestimmte Kategorie von Menschen nach einer Lösung von Problemen einer bürgerlichen oder einer anderen nichtsozialistischen (nichtkommunistischen) Gesellschaft sucht und an die Macht strebt, um eine Lösung dieser Probleme (zumindest für sich) zu erreichen, und zwischen der Rolle des Marxismus in einer Gesellschaft, in der er die herrschende staatliche Ideologie wurde, in der Menschen einer gewissen Sorte die Macht ergriffen und begonnen haben – oder dabei sind, es zu tun –, eine neue sozialistische (oder kommunistische) Gesellschaft zu errichten. Außerdem muß man unterscheiden zwischen dem unveränderlichen Wesen des Marxismus und seinen Erscheinungsformen, die je nach Ort und Zeit variieren.

Ich möchte gleich zu Beginn klarstellen, daß ich unter einer kommunistischen Gesellschaft eine Gesellschaft jenes sozialen Typs verstehe, wie sie sich in der Sowjetunion gebildet hat und ein klassisches Beispiel für alle anderen Länder geworden ist, die denselben Weg gehen (mit geringfügigen Abweichungen, die wiederum durch die historischen Besonderheiten dieser Länder bedingt sind, jedoch keineswegs durch die Umformung der marxistischen Modelle). Im übrigen – wenn jemand mit dem Terminus nicht einverstanden ist, so bestehe ich nicht darauf, denn es soll von einem konkreteren Phänomen die Rede sein, vom Marxismus.

Wissenschaft, Religion und Ideologie existieren nicht isoliert voneinander in reiner Form, das heißt ohne Spuren des anderen und ohne gegenseitige Beeinflussung. Die religiösen Lehren erheben Anspruch auf die Schaffung eines Weltbildes und die Erklärung verschiedener Phänomene der Natur und der Gesellschaft, religiöse Organisationen füllen ideologische Funktionen aus, die Wissenschaft enthält zahlreiche Elemente der Ideologie, gibt für letztere Material her, macht sie sich zunutze usw. Aber heute kann man diese Phänomene sehr genau voneinander abgrenzen. Es sind antireligiöse Ideologien aufgetaucht, die Wissenschaft hat einen ungeheuren Aufschwung genommen, nachdem sie der Religion und der Ideologie die Funktion der Erkenntnis der Umwelt

37

des Menschen und des Menschen selbst entzogen hatte, viele religiöse Lehren haben ihre frühere ideologische Rolle eingebüßt und sind in den Hintergrund der Geschichte gedrängt worden. Und so läßt sich der Unterschied zwischen den Funktionen der betrachteten Phänomene im sozialen Leben ziemlich präzise erfassen.

Die Aufgabe der Wissenschaft besteht darin, der Gesellschaft Wissen zu liefern und Methoden zu erarbeiten, um Erkenntnisse zu erhalten und nutzbar zu machen. Die in der Wissenschaft verwendeten Begriffe streben Klarheit, Konkretheit, Eindeutigkeit an. Die in der Wissenschaft aufgestellten Behauptungen lassen in Idee (und Tendenz) die Möglichkeit der Überprüfung zu, das heißt, sie lassen sich verifizieren, beweisen, widerlegen. Die Religion hat jedoch mit Phänomenen der Seele zu tun, mit religiösen Empfindungen von Menschen, mit dem Glauben. Die Ideologie wird – zum Unterschied von der Wissenschaft – aus unkonkreten, vieldeutigen sprachlichen Ausdrucksmitteln konstruiert, die von einer bestimmten Interpretation ausgehen. Behauptungen der Ideologie sind nicht beweisbar und experimentell nicht verifizierbar noch widerlegbar – sie sind sinnlos. Zum Unterschied von der Religion fordert die Ideologie keinen Glauben an ihre Postulate, sondern ihre formale Anerkennung oder ihr Akzeptieren. Die Religion ist undenkbar ohne Glauben an das, was sie verkündet. Die Ideologie dagegen kann sich auch bei völligem Fehlen von Glauben an ihre Losungen und Programme bestens entfalten. Dieser Unterschied ist sehr wesentlich.

Oft wundert man sich über die Tatsache, daß in der Sowjetunion niemand an die offizielle Ideologie glaubt und sie dabei dort so gut gedeiht. Wie ist das zu erklären? Einfach damit, daß man an eine Ideologie nicht glaubt – man akzeptiert sie. Glaube ist ein Zustand der menschlichen Psyche, der Seele. Aber etwas anzuerkennen (es zu akzeptieren) ist lediglich eine bestimmte Form sozialen Verhaltens. Wenn man an eine Ideologie glaubt, so findet eine historische Verschiebung statt, derzufolge die Ideologie sich Funktionen der Religion aneignet, die ihr als solche nicht zustehen. Wenn jemand versucht, mit Argumenten der Vernunft die Prinzipien einer Ideologie zu beweisen oder zu widerlegen, so verwechselt er Ideologie und Wissenschaft. Die Aufgabe der Ideologie besteht nicht darin, neue Wahrheiten über Natur, Gesellschaft oder Mensch zu enthüllen, sondern ein gesellschaftliches Bewußtsein zu schaffen, Menschen zu lenken, indem man ihr Bewußtsein an ein bestimmtes soziales Modell heranführt. Die Ideologie kann bei ihrer Entstehung den Anspruch erheben, eine Wissenschaft zu sein. Aber wenn sie einmal Ideologie geworden ist, verliert sie alle grundlegenden Züge der Wissenschaft. Die Ideologie kann sich Begriffe und Behauptungen der Wissenschaft aneignen. Wenn diese jedoch einmal Elemente der Ideologie geworden sind, büßen sie den Charakter von Elementen der Wissenschaft ein und werden verschwommen und unkontrollierbar. Im Bereich der Ideologie kann man wissenschaftliche Ideen, Ansichten, Hypothesen formulieren. Aber sie bestimmen nicht allgemein die Ideologie. Leute, die das tun, tun es nicht in ihrer Eigenschaft als Ideologen, sondern als Gelehrte, die durch den Willen der Umstände in die Ideologie hineingezogen worden sind.

Ideologische Texte und Reden üben natürlich als solche eine Wirkung auf die Individuen aus. Aber nicht darin liegt die spezifische Wirkungsweise der Ideologie auf die Menschen. Die Ideologie ist für die Masse konzipiert. Von dieser akzeptiert zu werden setzt einen spezifischen Mechanismus voraus. Dabei geht dieses Akzeptieren gewöhnlich ohne Verstehen vor sich, denn daran gibt es grundsätzlich nichts zu verstehen, es ist auch gar nicht der Mühe wert. Oder man hat gar keine Lust dazu. Zum Akzeptieren braucht man auch keinen Glauben. Der erwähnte Mechanismus setzt also ein. Seine Aufgabe besteht darin, Menschen zur Anerkennung der Ideologie zu zwingen und jene zu bestrafen, die sich ihr widersetzen. Darin liegen natürlich auch andere Möglichkeiten, auf freiwilliger Basis, denn das Anerkennen einer Ideologie, solange diese herrscht, erlaubt es vielen, eine erfolgreiche Karriere zu machen und gewisse Privilegien zu genießen. Für viele wäre die Existenz ohne Anpassung an die Ideologie überhaupt undenkbar. Über einen solchen Zwangsmechanismus verfügte seinerzeit beispielsweise auch die christliche Kirche. Aber die Kirche vereinigte damals in sich sowohl religiöse Funktionen als auch ideologische. Und benutzte zeitweise die ersteren im Interesse der letzteren. Erst das Auftreten von antireligiösen Ideologien (Marxismus,

Nationalsozialismus) hat es seit relativ kurzer Zeit möglich gemacht, diese zwei Funktionstypen zu unterscheiden und sogar einander gegenüberzustellen.

Wenden wir uns nun dem Marxismus zu. Historisch ist er als Anspruch auf ein wissenschaftliches Weltverständnis entstanden. Bekanntlich hat sich Marx sogar mit Mathematik beschäftigt. Obwohl er sich dabei nicht einmal in Fragen auskannte, die heute selbst beschränkten Schulkindern klar sind, hinterließ er dennoch der Nachwelt entsprechend weise Ausführungen. Gar nicht zu reden von Engels. Er hat alle Formen der Bewegung der Materie angepackt, von der mechanischen Umsetzung bis zum Denken. Er hat eine Erklärung gefunden für die Entstehung der Familie, des persönlichen Eigentums, des Staates. Und hat bei allem derart viel Unsinn produziert, daß man jetzt alle Akademien der Wissenschaften der Welt damit beschäftigen könnte, seine Fehler und Unsinnigkeiten zu berichtigen. Dasselbe gilt für Lenin: ein Wort – und schon ein Beitrag für die Wissenschaft. Er hat es sogar fertiggebracht, die Logik weiterzuentwickeln, ohne auch nur die geringste Ahnung vom Stand der Logik seiner Zeit zu haben, deren Kenntnis er lediglich vom Schulbuch und den Wahnvorstellungen Hegels bezog.

Bis heute hat der Marxismus den Anspruch auf Wissenschaftlichkeit nicht aufgegeben. Er deklariert sich als Wissenschaft, und zwar als höhere Wissenschaft, als allerwissenschaftlichste unter den Wissenschaften. Die Spezialisten des Marxismus werden an den Universitäten oberflächlich gesehen gleich ausgebildet wie jene der Physik, Chemie, Biologie, Mathematik... Oft werden sie gemeinsam mit den Fachgruppen der Wissenschaften unterrichtet, so daß ihr Unterschied zu den anderen erst später deutlich wird, dann, wenn sie verschiedene Rollen übernehmen: wenn beispielsweise ein Physiker beginnt, sich mit Forschungen auf dem Gebiet der Mikrophysik zu beschäftigen, während sein Kollege anfängt, Bücher über die Bedeutung der Äußerungen von Lenin und Engels für die Entwicklung der Physik zu verfassen; wenn der eine Mathematiker an den Beweis von Theoremen geht, der andere dagegen Demagogie in bezug auf die genialen Klassiker des Marxismus in der Mathematik betreibt und Argumente für und wider etwas in Analogie zu Bourgeoisie und Proletariat setzt. Die Spezialisten des Marxismus erhalten wissenschaftlichen Status und akademische Titel, werden in die Akademie der Wissenschaften gewählt usw. Und man muß einräumen, daß im Bereich des Marxismus einiges unternommen wird, das wie Wissenschaft aussieht und das man auch von einer wissenschaftlichen Seite betrachten kann. Aber im großen und ganzen hat der Marxismus (zumindest in der Sowjetunion) längst die Kennzeichen der Wissenschaft eingebüßt und sich in eine Ideologie im strengsten Sinne des Wortes verwandelt. Vielleicht ist er jetzt sogar das allerklassischste Muster einer Ideologie. Das ist die Ironie der Geschichte. Die Marxisten beharren darauf, daß dank dem Marxismus die Philosophie erstmals eine Wissenschaft geworden ist. Die tatsächliche

Situation ist jedoch genau umgekehrt: Gerade mit dem Marxismus und im Marxismus hat die Philosophie erstmals in der Geschichte die Charakterzüge der Wissenschaft eingebüßt und ist Kern und integrierender Bestandteil der Ideologie geworden. Als es schien, daß die Philosophie den höchsten Grad der Wissenschaftlichkeit erreicht hatte, war sie in Wirklichkeit von der Wissenschaft am weitesten entfernt.

Das Bestreben des Marxismus, als eine Wissenschaft aufzutreten, erklärt sich aus einer Reihe von Gründen historischer wie sozialer Art (dabei sind diejenigen gemeint, die auch derzeit noch gültig sind). Die Wissenschaft hat schon immer, besonders aber in unserer Zeit, eine solche Bedeutung im Leben der Gesellschaft erlangt, daß nicht im Namen der Wissenschaft aufzutreten einfach altmodisch wäre. Es gab die Illusion, man könne mit Hilfe der Wissenschaft das Paradies auf Erden errichten. Der Marxismus entstand im Kampf gegen die Religion und die verschiedenen Formen der Ideologie, die mit ihr verbunden waren, indem er ihnen eine wissenschaftliche Sicht aller Vorgänge des Lebens entgegensetzte. Die Wissenschaft selbst sah damals so aus, daß es unmöglich war, eine genaue Unterscheidung zwischen ihr und der Ideologie zu treffen. Das ist auch jetzt noch nicht so einfach: Die allermodernsten Wissenschaften weisen oft jetzt noch kaum weniger Elemente von ideologischem Unsinn auf als in früheren Jahrhunderten.

Aber das, was hauptsächlich das der Wissenschaft Ähnliche an der marxistischen Ideologie in der entstan-

43

denen kommunistischen (sowjetischen) Gesellschaft aus-
macht, das ist ihre praktische Rolle, ihr Funktionieren
in dieser Gesellschaft: ihre Rolle als Mittel zur Lenkung
der Masse, zur Standardisierung ihres Verhaltens, zur
Ausbeutung der sozial niederen Schichten durch die obe-
ren usw. Der Marxismus setzt die Maske der Wissenschaft auf, mit deren Hilfe es leichter ist, die entstandene
Gesellschaft als höheres und folgerichtiges Produkt objektiver Gesetzmäßigkeiten der Geschichte darzustellen,
die Tätigkeit der Führung als diesen objektiven Gesetzmäßigkeiten konform und jegliches gewinnsüchtige Interesse oder jede Dummheit der Regierung als geniale
wissenschaftliche Voraussicht. In den ersten Jahren (und
sogar Jahrzehnten) der Existenz der sowjetischen Gesellschaft hat der Marxismus für einen gewissen Teil der
Bevölkerung (den größeren und aktiven) eine Rolle gespielt, die der einer Religion vergleichbar ist. Man
glaubte an seine Postulate und Losungen. Er beherrschte
die emotionale Seite dieser Menschen. Aber allmählich
verpuffte dieser Glaube, besonders nach dem zweiten
Weltkrieg. Und es ist ganz natürlich, daß die marxistische Ideologie begann, noch intensiver den Komplizen
der Wissenschaft zu spielen und sich als deren Freund
und Schutzpatron auszugeben und, selbstverständlich,
als höchste Wissenschaft. Allein durch Vergewaltigung
bliebe die Bindung an die Ideologie nicht dauerhaft
genug. Und der Glaube ist verschwunden. In unserem
Jahrhundert des Wissenschaftswahns wäre es für eine
herrschende staatliche Ideologie eine unverzeihliche

Dummheit, nicht mit dem Strom der Zeit zu schwimmen.

Der Marxismus entstand nicht nur als Anspruch auf wissenschaftliches Erfassen der Welt, sondern auch als Ausdruck der Interessen und Träume der geknechteten und erniedrigten Klassen der Gesellschaft, als Ausdruck des jahrhundertealten Traumes der Menschheit vom Paradies auf Erden. Aber Träume und Sehnsüchte haben von Natur aus mit Wissenschaft nichts gemeinsam. Soziale Träume sind Utopien. Eine Utopie in Wissenschaft zu verwandeln ist ausgeschlossen – das lehrt uns die echte Wissenschaft und die praktische Erfahrung der Menschheit.

Aber die Tatsache, daß der Marxismus nicht nur in seiner Eigenschaft als mächtiger Organisator von Menschen, sondern auch in seiner textuellen Form keine Wissenschaft ist, das kann man mit Hilfe einer Analyse aller seiner Begriffe und Behauptungen feststellen, angefangen vom Begriff der Materie bis zum Begriff des »wissenschaftlichen Kommunismus«. Nicht ein einziger Begriff des Marxismus (buchstäblich nicht ein einziger!) vermag den logischen Regeln zur Bildung wissenschaftlicher Begriffe zu genügen. Nicht eine einzige Behauptung des Marxismus (von banalen Unsinnigkeiten nicht zu reden) läßt sich nach den Regeln, die für die Überprüfung wissenschaftlicher Behauptungen gelten, verifizieren. Wenn Lenin die ihm nicht genehmen Philosophen angreift (und solche Pogrome gegen Andersdenkende von seiten der Begründer des Marxismus sind nichts anderes als die theoretische Vorbereitung auf nachfolgende Massenrepressalien) und wenn er die von diesen gestohlenen Gedanken als seine Erfindungen ausgibt (was auch im Sinne des Marxismus liegt), dann beschenkt er uns mit »seiner« berühmten »Definition« der Materie als einer objektiven Realität, die von uns sinnlich wahrgenommen wird. Dabei geht er von der naiven (das heißt auf Unwissenheit beruhenden) Annahme aus, daß »Materie« der allgemeinste Begriff sei. Aber es ist schon den jungen Studenten (und manchen Schülern) bekannt, daß nach den Regeln der Definition von Begriffen der Ausdruck »objektive Realität« weit umfassender ist als »Materie« und daß die beiden Ausdrücke »objektive Realität« und »sinnlich von uns wahrgenommen« vom Gesichtspunkt der Begriffsbildung weit »primärer« sind als »Materie«. Ich spreche schon gar nicht davon, daß der Ausdruck »objektive Realität« in seiner Bedeutung um nichts klarer ist als »Materie«. Aber solche ihrem Anschein nach tiefsinnige (in ihrem Inhalt aber leere) Ausdrücke erwecken einen Eindruck hoher Wissenschaftlichkeit. Und das nicht selten sogar bei bedeutenden Wissenschaftlern. Das ist übrigens gar nicht so verwunderlich, denn unter Gelehrten sind Kretins nicht weniger häufig anzutreffen als unter Vertretern anderer Berufe. Wenn die Begründer des Marxismus und ihre Anhänger ihr kommunistisches Paradies auf Erden ausdenken (und ihre Fiktion selbstverständlich »wissenschaftlichen Kommunismus« nennen), so ignorieren sie die elementarste Forderung der empirischen

46

Wissenschaft, da nämlich deren Gegenstand gar nicht existiert. Aber selbst wenn man ihren »wissenschaftlichen Kommunismus« als Entwurf für eine zukünftige Gesellschaft betrachtet, so muß man auch hier eine Ignoranz der fundamentalsten Grundlagen eines wirklich wissenschaftlichen Zuganges zur Gesellschaft feststellen. Völlig ignoriert wird beispielsweise die Tatsache der Differenzierung der Gesellschaft in soziale Gruppen und deren Hierarchien, die unvermeidliche Unterteilung der Gesellschaft in Schichten mit verschiedenem Lebensstandard, die Verschiedenheit der Tätigkeitsbereiche und sozialen Positionen der Menschen, als deren Folge berühmte Losungen wie »jedem seiner Arbeit entsprechend« und »jedem nach seinen Bedürfnissen« sich entweder in propagandistische Blasen verwandeln (wenn man sie wörtlich nimmt) oder in einer Weise realisiert werden, die mit ihrer textuellen Form nichts zu tun hat (die Arbeit eines Chefs wird höher eingeschätzt als die der Untergebenen, aber die Bedürfnisse ergeben sich aus der sozialen Situation der Individuen).

Doch der schlagendste Beweis dafür, daß der Marxismus eine Ideologie und keine Wissenschaft ist, ist sein Verhältnis zur Erfahrung der realen kommunistischen (oder sozialistischen) Gesellschaften, die als nach seinem Plan geschaffen gelten. Der Marxismus ist unfähig, diese Erfahrung auf der intellektuellen Ebene zu reflektieren, auf der er die kapitalistische Gesellschaft kritisiert hat. Die mehr als sechzigjährige Erfahrung der Sowjetunion und die Erfahrung vieler anderer kommunistischer Länder lieferte und liefert untrügliche Beweise für die Beschaffenheit dieser Gesellschaft. Massenrepressalien, niedriger Lebensstandard für den Großteil der Bevölkerung, Zuweisung des Wohn- und Arbeitsortes, enorme Unterschiede des Lebensstandards zwischen höheren und niederen Gesellschaftsschichten, Unterdrückung Andersdenkender, Fehlen von bürgerlichen Freiheiten, Karrierismus, Korruption, Privilegienwirtschaft, Verschwendung, beträchtliche Ausgaben für Staatsspektakel, Militarismus usw. usw. Und wie reagiert der Marxismus auf diese Tatsachen? Der sowjetische Marxismus (und der anderer kommunistischer Staaten) anerkennt diese Fakten ganz einfach nicht und meint, alles Reden darüber sei eine Verleumdung der sowjetischen oder kommunistischen Lebensweise. Der westliche Marxismus versichert, die westlichen Kommunisten würden eine kommunistische Gesellschaft ohne diese Unzulänglichkeiten errichten und die Errungenschaften der Gesellschaften der westlichen Demokratien bewahren. Es ist schwer, etwas gerade in wissenschaftlicher Hinsicht Unsinnigeres auszudenken als dieses. Gerade die wissenschaftliche Erforschung des wirklichen (und nicht des fiktiven, ideologischen) Kommunismus könnte ohne besondere Mühe aufdecken, daß alle diese Tatsachen nicht zufällig sind, sondern daß sie eben aus den Fundamenten der kommunistischen Lebensstruktur erwachsen, daß sie eben unvermeidliche Weggefährten der Realisierung gerade der positiven Ideale des Marxismus sind. Obwohl der Marxismus seine historische Karriere mit der Absicht begonnen hat, den Gang der gesellschaftlichen Entwicklung wissenschaftlich zu erklären, beendet er dieselbe mit dem vollen Verzicht auf das wissenschaftliche Verständnis der Gesellschaft, in der er die Rolle einer herrschenden staatlichen Ideologie erworben hat.

Ich denke, es ist müßig, über die ideologische Diktatur zu sprechen, die der Marxismus in der Geschichte der Sowjetunion ausgeübt hat. Das ist allgemein bekannt. Das bedeutet Gemeinheit, Betrug, Verbrechen ... Wenn man daranginge, im einzelnen alles zu beschreiben, was der ideologische Apparat des Marxismus in den Jahren der sowjetischen Geschichte alles angestellt hat – nicht einmal die Feinde des Marxismus würden dieses Bild für wahr halten. Es heißt, daß sich die Marxisten von guten Absichten leiten ließen. Von guten Vorsätzen ist bekanntlich auch der Weg in die Hölle gepflastert. Aber tatsächlich ist hier sogar die Behauptung über edle Absichten verlogen. Es hat nie andere Absichten gegeben als die von Menschen aus Fleisch und Blut, der Soldaten dieser Armee marxistischer Ideologen: nämlich die, ihre eigenen egoistischen Bedürfnisse zu befriedigen. Und andere Absichten konnte und kann es nach den sozialen Gesetzen der Geschichte auch nicht geben. Ich meine damit die gewöhnlichen sozialen Gesetze, und nicht jenes sinnlose marxistische Geschwätz über die Gesetze der Gesellschaft, das Millionen eingelullt und verdummt hat.

Der Marxismus hat sich für die siegreichen kommunistischen Regierungen als eine im höchsten Maße bequeme Ideologie erwiesen, jedoch keineswegs deshalb, weil er etwa wissenschaftlich gewesen wäre. Wenn er eine Wissenschaft wäre, und sogar die allerhöchste, so hätte er keinen Erfolg haben können. Zum Studium einer Wissenschaft ist bekanntlich eine spezielle Ausbildung erforderlich. Dazu Zeit und noch einmal Zeit. Der Marxismus hat sich eben deshalb als bequem erwiesen, weil er eine gewaltige Flut ideologischer Texte, demagogischer Versprechungen und Losungen hervorgebracht hat, die einen wissenschaftlichen Anstrich haben, jedoch keinerlei wissenschaftliche Vorbildung erfordern. Wer Lust hat, kann erstaunlich rasch lernen, marxistische Texte und Reden für absolut jede Situation zu produzieren. Und für Machthaber bietet der Marxismus ein wunderbares Schema und eine reiche Phraseologie zur Rechtfertigung jeglicher Schandtat. Jeder Kretin in der Regierung kann einen Beitrag für die »Wissenschaft« leisten, wenn ihm dies freilich seine Kampfgenossen gestatten (oder für notwendig halten). Es sind eben diese Verschwommenheit und Gestaltlosigkeit der Begriffe und die Behauptungen des Marxismus, die bar jeden Sinnes sind, sowie die Unmöglichkeit, ihn wortwörtlich zu verstehen, also die Notwendigkeit, ihn vielmehr einer Auslegung zu überlassen, was ihn für die herrschenden Schichten der Gesellschaft so bequem macht, denn die Auslegung des Marxismus wird zum Vorrecht der höheren Parteiführung. Im Marxismus finden sich so viele verschiedenartige Sentenzen, daß man für jede Lebenslage die entsprechenden Phrasen mit den gewünschten Interpretationen auswählen kann. Und das ist die Arbeit, die der gewaltige marxistische Ideologieapparat leistet.

Alcalá, Dezember 1978

Die sowjetische Philosophie

Vortrag an der Universität Alcalá, Spanien

Die sowjetische Philosophie ist Bestandteil des mächtigen ideologischen Apparates der sowjetischen Gesellschaft. Und sie von diesem Apparat zu trennen, ist nur bedingt möglich. Es handelt sich um eine ziemlich große (im quantitativen Sinne) Schicht, die Personen mit einer speziellen philosophischen Ausbildung, mit philosophischem Grad und Titel vereinigt, die in philosophischen Institutionen arbeiten oder als Philosophen besondere Funktionen bekleiden und in jedem Fall in ihrer Aktivität eine Beziehung zur Philosophie haben. In der Sowjetunion sind keine genauen Angaben über die Zahl der Personen dieser Schicht und über deren Verteilung auf verschiedene Bereiche zu erhalten. Aber ich schätze, ihre Zahl dürfte zwanzigtausend bei weitem übersteigen. Diese Schicht nimmt in der Hierarchie der sowjetischen Gesellschaft eine ziemlich hohe Position ein. Es gehören ihr die vielen Kandidaten und graduierten Absolventen der diversen akademischen Stufen an, Dozenten und Professoren, Akademiemitglieder und Korrespondierende Mitglieder, Institutsdirektoren, Leiter verschiedener Forschungsabteilungen und -sektoren, Zeitungs- und Zeitschriftenredakteure usw. Das sind jedoch alles Personen, die zu den privilegierten Gesellschaftsschichten gehören. Sogar die untersten Vertreter des philosophischen Standes erfreuen sich relativ guter Existenzbedingungen, und viele von ihnen haben Aussicht auf einen Aufstieg in höhere oder sogar in die höchsten Schichten. In jedem Fall kommt es selten vor, daß Personen, die die Philosophie als ihren Berufszweig gewählt haben, sich später von ihr wieder lossagen. Es sei denn um einer erfolgreichen Karriere willen oder einer gesättigteren Existenz im Parteiapparat (bis zum ZK der KPdSU) und in den Organen des Staatssicherheitsdienstes. Die sowjetische Philosophie befindet sich voll und ganz unter der Kontrolle der Partei. Mehr noch – die Parteiorgane dirigieren über die philosophische Elite die gesamte Masse der übrigen Philosophen, und die ganze Masse der Philosophen ist wiederum ein wirkungsvolles Instrument der Partei in der ideologischen Erziehung der Gesellschaft und in der ideologischen Kontrolle über diese. Die überwiegende Mehrheit der sowjetischen Philosophen sind Mitglieder der Partei und aktive Parteifunktionäre. Nichtparteimitglieder oder auch Personen, die sich nicht schon auf den Eintritt in die Partei vorbereiten, sind eine seltene Ausnahme. In der Regel sind das Komsomolzen oder Exkomsomolzen. An den philosophischen Fakultäten herrscht ein strenges Auswahlprinzip. Personen, die dem Marxismus (der offiziellen Philosophie der UdSSR) fernstehen, gelangen sehr selten in philosophische Kreise. Sobald sie als solche identifiziert sind, werden sie schonungslos unter Druck gesetzt und verjagt. Die gesamte Ausbildung der Philosophen ist eine Vorbereitung auf ihre Rolle als Funktionäre der Ideologie. Es wird relativ primitives, oberflächliches und tendenziöses Wissen vermittelt, das jedoch der künftigen Rolle der Studenten in der Gesellschaft vollauf Genüge leistet. Und die Studierenden eignen sich rasch und leicht die philosophische Allweisheit an und lernen mit frappierender Geschwindigkeit, derartige Demagogen und Dampfplauderer zu werden, daß man viele von ihnen bereits im dritten Studienjahr nicht von den Klassikern des Marxismus unterscheiden kann. Aufgrund des Auswahlsystems, das den Unbegabten den Vorzug gibt, und aufgrund des niedrigen Ausbildungsstandes ist das intellektuelle Niveau der sowjetischen Philosophie ungeheuer tief. Um dieses Niveau zumindest ein wenig anzuheben, läßt man Mathematiker, Physiker, Biologen, Historiker usw. in diese Kreise ein – hauptsächlich über die philosophische Aspirantur. Dabei sind es natürlich die unbegabten, aber sehr ehrgeizigen Mathematiker, Physiker und Biologen, die Eingang in die Philosophie finden. Auf dem Gebiet der Philosophie machen sie innerhalb des allgemeinen Geschwätzes durch ihre konkreten wissenschaftlichen Grundlagen gewöhnlich große Fortschritte und reüssieren, wobei sie das geistige Niveau der Philosophie lediglich nach außen hin heben. Dazu kommt noch die Tatsache, daß viele, die in dieser oder jener Form dem Parteiapparat nahestehen, philosophische Diplome, Grade oder Titel anstreben. Dieser Weg ist deswegen so verführerisch, weil er die Karriere begünstigt, ohne besonders beschwerlich zu sein, denn man muß schon ein ausgemachter Kretin sein, um das Diplom nicht zu erlangen oder die Dissertation für Philosophie nicht erfolgreich zu verteidigen. Wenn ich mich nicht irre, hat sogar ein bekannter Hockeyspieler ein Philosophiediplom erhalten, und ein Diplomat wurde Akademiemitglied. Die Anzahl der Mitarbeiter des KGB mit philosophischen Diplomen, als Doktoren diverser Wissenschaften und sogar als Korrespondierende Mitglieder der Akademie der Wissenschaften ist unüberschaubar. Sogar der Ex-Weltmeister im Schach Petrosjan ist Kandidat der philosophischen Wissenschaften. In Logik übrigens. Sie können sich vorstellen, was das für eine Logik ist!

So sieht das keineswegs vollständige Bild der praktischen Situation der sowjetischen Philosophie aus. Wenn man dieses nicht mitberücksichtigt, kann man die sowjetische Philosophie in ihrer textuellen Erscheinungsform nicht verstehen. Sicher kann man in der sowjetischen Philosophie auch einzelne vorzügliche und kluge Spezialisten entdecken und einzelne begabte Arbeiten auf dem internationalen Niveau dieses Fachgebiets. Aber das ist entweder auf einen Zufall und auf Unachtsamkeit von seiten der philosophischen Behörden zurückzuführen oder das Ergebnis unvorstellbarer List einzelner Personen, oder aber etwas, das akzeptiert wird, um damit die offiziellen Berichte zu beschönigen, zu bluffen, dem Ausland Sand in die Augen zu streuen und die Wirklichkeit zu tarnen. Das ändert jedoch nichts an der Gesamtsituation der sowjetischen Philosophie und ihrer realen Rolle. Um so mehr, als solcherlei Abweichungen von der Norm nicht eben gefördert werden, sondern eher verfolgt. Daher werde ich diese im folgenden als Übertretungen der Norm behandeln und nicht als Norm selbst. Einmal habe ich öffentlich die sowjetische Philosophie als intellektuelle und moralische Müllhalde bezeichnet, und ich distanziere mich auch jetzt nicht von dieser Einschätzung, da ich sie für völlig adäquat halte.

Obwohl die sowjetische Philosophie ein Teil der Ideologie ist und nichts (ihrem Wesen, nicht ihrem Aussehen nach) mit Wissenschaft gemeinsam hat, versucht sie doch auf alle mögliche Weise, sich als Wissenschaft auszugeben, dazu noch als allerhöchste, allertiefsinnigste, allumfassendste und zugleich strengste und exakteste Wissenschaft. Sie werden mir nicht ein einziges großes historisches Ereignis oder eine wissenschaftliche Entdeckung nennen können, zu denen nicht sowjetische Philosophen den Anspruch auf die allerrichtigste und wahrhaft wissenschaftliche Interpretation erhoben hätten. Das Bewußtsein ihrer »wahrhaft wissenschaftlichen«, »einzig richtigen« usw. Überlegenheit über alle übrigen Philosophien der Vergangenheit und Gegenwart (inklusive ihrer marxistischen Mitbrüder im Ausland, ausgenommen selbstverständlich Marx und Engels) – das ist das psychologische Fundament der sowjetischen Philosophie. Und obwohl sowjetische Philosophen in privater Umgebung oft zugeben, daß sie unwissend

sind, unbegabt und im Grunde große Schwindler, so
hindert sie das nicht daran, auch weiterhin öffentlich
als Vertreter einer höheren philosophischen »Rasse« zu
posieren.

Die sowjetischen Philosophen definieren die Philosophie als Wissenschaft von den allgemeinsten Gesetzen
der Natur, Gesellschaft und Erkenntnis, wobei sie sich
über die Tücken der verwendeten Wörter keine Sorgen
machen und diese auch gar nicht ahnen. Tatsächlich ist
jedes Gesetz universell, aber nicht allgemein. Allgemeine
Gesetze gibt es überhaupt nicht. Bringen Sie mir ein
Beispiel für wenigstens ein solches allgemeines Gesetz,
und ich werde Ihnen zeigen, daß es entweder falsch ist
(das heißt Ausnahmen nennen, die es widerlegen) oder
daß es sich nur um eine Übereinkunft bezüglich der Bedeutung allgemeiner Termini handelt. Aber nehmen
wir an, daß das, was die sowjetischen Philosophen für
»allgemeine Gesetze« halten, ein allgemeines Gerede in
Worten wie Materie, Raum, Zeit, Bewegung, Qualität,
Quantität usw. ist. Immerhin werden durch diese Begriffe Rahmen gesteckt. Aber wenn Sie sehen, womit
sich die sowjetischen Philosophen in der Praxis beschäftigen, werden Sie begreifen, daß sie die durch diese
Rahmen gesteckten Grenzen niemals einhalten. Sie
sprechen und schreiben über alles mögliche. Sie mischen
sich in alle Bereiche der Kultur ein, die man ihnen von
oben zuweist, die ihnen materielle Vorteile in irgendeiner Form bringen, mit denen man den Ehrgeiz befriedigen oder Karriere machen kann. Ich habe einige Jahre

lang in einer Expertenkommission gearbeitet, die die Kandidaten- und Doktorarbeiten prüfte. Ich habe damals hunderte Dissertationen durchgesehen. Nur ein Zehntel davon leistete der gemeinhin geltenden Definition des Gegenstandes Philosophie Genüge. Soweit ich das beurteilen kann, hat sich die Situation seither überhaupt nicht geändert.

Aber ganz gleich, womit sich sowjetische Philosophen beschäftigen, ihre Hauptaufgabe bleibt es, Propaganda für den Marxismus zu machen, den Marxismus in alle Bereiche des geistigen Lebens der Gesellschaft zu integrieren, alle wichtigen Phänomene der Kultur in Richtung Marxismus zu frisieren, Reklame für die Reden von Parteiführern zu machen und diese zu glorifizieren und alles zu verfolgen, was die Schranken zugelassener Ansichten überschreitet. So zum Beispiel hat das philosophische Hauptorgan ›Woprosy filosofii‹, in der, wie es schien, »liberalsten« Periode eine derart schamlose Speichelleckerei gegenüber Breschnew demonstriert, wie sie nicht einmal in der Zeitschrift ›Pod znamenem marksisma‹ in bezug auf Stalin zu verzeichnen war. Oft mußte ich von Leuten, die den Status von Wissenschaftlern beanspruchten, hören, wie sie sich über den Marxismus lustig machten, über Chruschtschow, Breschnew usw., sie aber nichtsdestoweniger zitierten, als handle es sich um eine reine Formsache: so quasi, Breschnew zitieren als Ablenkungsmanöver, und dann schreiben, was man will. Das ist ein großer Irrtum! Erstens, man kann nie schreiben, was man will, denn in den Publikationsinstanzen sitzen zuverlässige Kontrolleure. Und zweitens ist gerade das, »was man will«, reine Formsache und die Bezugnahme auf die Klassiker des Marxismus und Parteiführer die Hauptsache. Diese Bezugnahme ist nur in den Vorstellungen der Autoren sekundär, die gut davonkommen wollen. In Wirklichkeit vergehen Jahre, und was untergeht und in Vergessenheit gerät, ist der Inhalt der Arbeiten solcher Autoren: was bleibt, ist nur das, was sie im Namen des Marxismus und der Partei getan haben.

In der sowjetischen Philosophie gibt es einzelne Bereiche, die als wissenschaftlich gelten können. So etwa die Logik, die Methodologie der Wissenschaft, Ästhetik, Ethik und anderes mehr. Aber ihr Anteil an der sowjetischen Philosophie macht verschwindend wenig aus. Außerdem erfüllen auch sie in dieser oder jener Form ideologische Funktionen, indem sie ein Bestandteil des ideologischen Lebens insgesamt sind. Seinerzeit wurden beispielsweise sogar meine logischen Forschungen, die mit Marxismus nichts zu tun hatten, so oder so im Interesse des letzteren verwendet. Und sei es auch nur als Beispiel für die »Schaffensfreiheit« innerhalb der sowjetischen Philosophie.

Die sowjetische Philosophie bemüht sich, der Zeit auf den Fersen zu bleiben. Ein neues Elementarteilchen wird in der Physik entdeckt – sofort kommt das Echo: Artikel, Dissertationen, Symposien. Man entdeckt ein »Loch« im All – wieder: Artikel, Dissertationen, Symposien. In Afrika wird ein kommunistisches Regime errichtet – Artikel, Dissertationen, Symposien. Man hat für Breschnew wieder eine neue Rede geschrieben oder sogar ein Buch über seine grandiosen Heldentaten – selbstverständlich wieder Artikel, Dissertationen, Symposien. Aber all das ist im wesentlichen nichts anderes als eine rein ideologische, das heißt formale Reaktion auf das, was geschieht. Die Philosophie leistet nie und nirgends irgendeinen positiven Beitrag zu einer wissenschaftlichen Arbeit. Nicht genug damit, daß sie keinerlei eigene Neuentdeckungen vollbringt, sie fühlt sich auch noch grundsätzlich dazu berufen, eine Interpretation und Abstrahierung fremder Entdeckungen zu liefern. Wie »abstrahiert« sie? Suchen Sie darin keinen wissenschaftlichen Sinn. Für sie bedeutet Abstrahieren Verallgemeinern des Geschehens – eine genügend große Anzahl von passenden Worten und Schriften produzieren, die der Obrigkeit genehm sind und einen selbst profitieren lassen. Um den gewünschten Effekt zu erzielen, gibt es nur ein Mittel: eine Verbindung zu den banalen oder sinnlosen Phrasen des Marxismus herzustellen, und zwar mittels Propaganda und Glorifizierung der staatlichen marxistischen Ideologie.

Einer der charakteristischen Wesenszüge der sowjetischen Philosophie ist der schamlose Diebstahl von Wissenschaft, Kultur und Philosophie des Westens. Das geschieht unter dem Deckmantel der Kritik an der westlichen philosophischen Denkweise. Gewöhnlich funktioniert das folgendermaßen: Es wird eine westliche Idee gestohlen und dann der Anschein erweckt, als wären die sowjetischen Philosophen selbst auf diese Idee gekommen oder als ob das bereits bei den Klassikern stünde, und dann werden die westlichen Denker kritisiert, weil sie eben diese Ideen verstümmelt hätten. Einige sowjetische Philosophen mit mehr Begabung und Bildung geben vor, die Kritik an der westlichen Philosophie als bequemen Weg zu beschreiten, um sowjetische Leser mit diesem Gedankengut zu konfrontieren und dabei eigene originelle Ideen zu äußern, die den Rahmen des Marxismus sprengen. Aber leider ist das ein Eigentor. Die sowjetischen Ideologiezensoren und -kontrolleure, die solch »mutige« Arbeiten zur Publikation freigeben (und normalerweise werden diese in Parteischriften und -verlagen publiziert), verstehen ihr Handwerk gut. Die »eigenen originellen« Gedanken der Autoren scheinen in jedem Fall nur als nichtiges Beiwerk zu den monumentalen marxistischen Leitsätzen auf, und das westliche Gedankengut wird entsprechend dem Bedarf des sowjetischen indoktrinierten Menschen zugefeilt. Von den Ideen bleibt nichts übrig. Höchstens Vorsätze und Ansätze.

Die sowjetische Philosophie existiert, und sie produziert das, was sie an gewaltigen Fluten von ideologischen Abwässern losläßt, vor allem für den eigenen Gebrauch, teilweise aber auch für das Ausland. Was in der Sowjetunion für das Ausland hergestellt wird, ist ein wenig besser als das, was für den inländischen Bedarf bestimmt ist. Derzeit – das ist seit etwa zwei Jahrzehnten so – ist die sowjetische Philosophie bemüht, einen

Platz auf dem internationalen ideologischen und überhaupt kulturellen Markt zu erobern. Und sie versucht daher, gegenüber der Außenwelt möglichst gut dazustehen. Sonst wäre es ihr zum gegenwärtigen Zeitpunkt, da das moralische und intellektuelle Prestige des Marxismus ins Wanken geraten ist, nicht möglich, Autorität zu erlangen. Aber in diesem Spiel kann die Rolle der sowjetischen Philosophie nichts anderes sein als ein Element innerhalb der ideologischen Expansion der Sowjetunion in die Länder des Westens. Wie gebildet, intelligent, liberal und tolerant Repräsentanten der sowjetischen Philosophie in der Kommunikation mit westlichen Vertretern des kulturellen Lebens auch sein mögen, sie erfüllen doch bloß dieselbe Funktion wie vor ihnen die orthodoxen Stalinisten. Sie erfüllen diese Funktion nur besser als ihre Vorgänger. Wenn Sie mit sowjetischen Philosophen dieser Sorte zu tun haben, müssen Sie wissen, daß sie für diese Rolle speziell ausgesucht sind – den nötigen Anschein zu erwecken, daß ihnen eingeräumt ist, »liberal« zu denken und zeitweise sogar gewisse Seiten des Marxismus zu kritisieren und gewisse Verdienste der westlichen Philosophie anzuerkennen.

Wie sieht die Einstellung der sowjetischen Bevölkerung zu ihren Philosophen aus? In den meisten Fällen ist es Indifferenz oder Mißtrauen. Aber daraus sollte man keine optimistischen Schlüsse ziehen. Welche Einstellung die Menschen auch immer zur Philosophie haben, sie kommen doch ständig mit ihr in Berührung und erfahren deren andauernde Kontrolle ihres Bewußtseins und ihren verdummenden Einfluß. Man leistet ihr keinen Widerstand. Widerstand ist ausgeschlossen, denn er bedeutet schlechte Noten, Ausschluß aus den Bildungsstätten, Abschneiden jeglicher beruflicher Aufstiegsmöglichkeiten usw. Die Leute sind gezwungen, die Philosophie zu akzeptieren und ihr Bewußtsein und ihre Denkart auf gewisse Weise anzupassen. Die Folge ist, daß sogar Menschen, die zur sowjetischen Lebensweise und zur sowjetischen Ideologie kritisch eingestellt sind, darüber von demselben Standpunkt aus, mit derselben Denkweise und mit denselben Mitteln und denselben Folgen polemisieren, das heißt selbst dann Gefangene dieser Philosophie bleiben.

Welche Perspektiven hat die sowjetische Philosophie? Glänzende. Quantitativ – gemessen an diplomierten Philosophen, Kandidaten und Doktoren, Dozenten und Professoren der Philosophie hat die Sowjetunion längst die führenden kapitalistischen Länder überflügelt. Sicher, das Tempo der Zuwachsrate hat sich verringert. Doch dafür verbessert sich die Qualität der Philosophen. Sie nähern sich immer mehr den westlichen Vorbildern an (lernen Fremdsprachen, lassen sich Bärte wachsen, nennen die westlichen Philosophen Kollegen usw.), wobei sie auch noch ausgezeichnet mit ihren traditionellen Rollen als ideologische Wächter und Pogromanstifter zurechtkommen. Im Westen werden die sowjetischen Philosophen schon jetzt mit offenen Armen aufgenommen, und in naher Zukunft werden sie sich hier ganz wie zu Hause fühlen. Ihrerseits wiederum bieten die sowjetischen Philosophen ein reiches Feld zur Befriedigung der Eitelkeit alternder und schon überholter westlicher Philosophen, die allein für die Erwähnung ihrer Namen in der sowjetischen philosophischen Literatur (selbst als Dummköpfe und Diener der Kapitalisten!) bereit sind, alle Werte der westlichen Demokratie zu opfern.

Die sowjetischen Philosophen verfügen ohne Zweifel über eine ganze Reihe von Vorteilen gegenüber den westlichen. Erstens brauchen sie sich nicht auf der Suche nach neuen Ideen den Kopf zu zerbrechen, denn sie hatten diese bereits, haben sie und werden sie immer haben – das sind die Ideen des Marxismus sowie die, wie sich von selbst versteht, genialen Beschlüsse der PARTEI und der REGIERUNG und die Reden der Politiker. Und was auf der Welt läßt sich überhaupt *in puncto* Originalität und Tiefe mit den Reden der Parteiführer vergleichen, die für sie mit Unterstützung der sowjetischen Philosophen verfaßt worden sind?! Zweitens stellen die sowjetischen Philosophen bei all ihrer Verschiedenheit eine gewisse Einheit, eine Art Monolith dar, denn sie sind dienende Beamte des staatlichen Ideologieapparates, während die westliche Philosophie in Hunderte von Schulen und Bewegungen, von Gruppen und Grüppchen aller Art zerfällt. Drittens kann sich die sowjetische Philosophie auf die ganze Macht des sowjetischen Staates stützen, der sie wiederum pflegt als eine wichtige Waffe, was man von der westlichen Philosophie nicht behaupten kann. Ferner ist die sowjetische Philosophie ständig bereit, einen Gegner, den man ihr von oben zuweist, anzugreifen – wer immer er auch sei. Dabei entwickelt sie keine besonderen Emotionen und empfindet die Rolle des ideologischen Wächters als alltägliche, gewöhnliche Arbeit. Schließlich gewinnt die sowjetische Philosophie, ob sie gelobt oder ob sie kritisiert wird: Sie gewinnt in dem Augenblick, da man ihr in irgendeiner Weise Beachtung schenkt. Da beginnt sie sich nicht als die ideologische Müllhalde zu fühlen, die sie in Wirklichkeit ist, sondern als bedeutendes Phänomen im Geistesleben der Menschheit. Und als solches erscheint sie dann auch ihrer Umwelt. Lediglich Verachtung und Indifferenz ihr gegenüber kann sie wieder auf das ihr adäquate Niveau rein sozialer Bedeutung zurückversetzen. Aber die westliche Philosophie ist zu einer solchen Haltung nicht imstande. Ich rufe damit nicht zu einem totalen Boykott der sowjetischen Philosophie auf. Ich halte es nur für vernünftig, unter den sowjetischen Philosophen zu differenzieren, indem man einige, die es wert sind, als Individuen nimmt und nicht die sowjetische Philosophie als etwas Ganzes betrachtet. In letzterem Fall kommt es nämlich zu einer ungleichen Partnerschaft: auf der einen Seite der mächtige sowjetische Staat, der im Bereich der Philosophie durch eigens ausgewählte und ernannte ideologische Beamte repräsentiert wird, und auf der anderen Seite einzelne Privatpersonen und Organisationen, die keinerlei Staatlichkeit darstellen. In diesem Zusammenhang möchte ich unterstreichen, daß die existierende internationale philosophische Vereinigung, die absolut nichts mit den Interessen der Wissenschaft zu tun hat, tatsächlich zur Stärkung der Position der sowjetischen Philosophie beiträgt. Aber ich zweifle daran, daß die westlichen Philosophen auf sie verzichten werden, denn sie gibt auch ihnen die Möglichkeit, sich bei sinnlosen Spektakeln von internationaler Größenordnung, wie sie die internationalen Kongresse und andere Ereignisse dieser Art darstellen, zu amüsieren. Und darin liegt auch eine Schwäche der westlichen Philosophie. In der Massivität ist sie in vielem der sowjetischen vergleichbar, aber dafür ist sie nicht beauftragt, einer staatlichen Ideologie, einer regierenden Partei und überhaupt einer Gesellschaft als Ganzem zu dienen.

Abschließend möchte ich folgendes bemerken: Eine Betrachtung der sowjetischen Philosophie nur unter dem Aspekt der Aufzählung jener Probleme, mit denen sich die einen oder anderen Philosophen beschäftigen, und einer Liste der von ihnen publizierten Arbeiten würde bedeuten, ihre Hauptrolle außer acht zu lassen – ihre Rolle in der sowjetischen Gesellschaft und ihre Infiltration in die westlichen Länder. Die sowjetische Philosophie – das ist eine große Menschenmasse, in der jeder westliche Philosoph ein Wesen finden kann, das ihm selbst ähnlich ist. Aber bevor man in diesem Wesen den Kollegen und Kampfgefährten auf der Suche nach einer Wahrheit sieht, täte der westliche Philosoph gut daran, sich vor Augen zu halten, daß dieser Mensch (mit seltenen Ausnahmen vielleicht, die man an den Fingern aufzählen kann) im Dienste des ideologischen Apparates der kommunistischen Gesellschaft steht, auch als sein – des westlichen Philosophen – potentieller oder sogar tatsächlicher Verfolger.

Alcalá, Dezember 1978

Sie haben darum gekämpft –
das haben sie davon

Aus dem Vortrag an der Versammlung des
CIEL in Paris, Dezember 1978

Derzeit macht sich der Großteil denkender Menschen
von der Situation der sowjetischen Gesellschaft ein mehr
oder weniger realistisches Bild. Bekannt ist die Tatsache
des Massenterrors in der Stalinära. Bekannt ist das Fehlen von bürgerlichen Freiheiten in der Sowjetunion.
Nicht etwa deren Verletzung – ihr Fehlen. Bekannt ist
die Tatsache, daß der Lebensstandard des Großteils der
Bevölkerung außerordentlich niedrig ist, daß der Ab-
stand zwischen höheren und niedrigeren Bevölkerungsschichten in dieser Hinsicht ein enormes Ausmaß erreicht
hat, daß der Karrierismus gedeiht, ebenso Korruption,
Pfuscherei, Augenauswischerei. Bekannt ist ebenso, daß
für den Bürger eine freie Wahl des Wohn- und Arbeitsortes nicht möglich ist, daß Gemeinheit, Borniertheit
und Unterdrückung in alle Zellen und Gewebe der Gesellschaft eindringen. All das ist bereits in kritischen
Schriften, wie sie derzeit im Überfluß produziert werden und eine wichtige Rolle spielen, ausreichend dargestellt worden. Und nicht einmal die westlichen Kommunisten leugnen mehr, daß die derzeitige Lebensform
in der Sowjetunion weniger einem Paradies auf Erden

denn einem permanenten Alptraum gleicht. Und nun erhebt sich eine wesentliche Frage: Woher kommt das alles? Hat man Marx falsch interpretiert und eine Gesellschaft errichtet, die seinem schönen Ideal nicht entspricht? Aber man hatte doch mehr als hundert Jahre Zeit, ihn zu interpretieren, und damit haben sich viele tausend Menschen beschäftigt. Haben sich etwa alle geirrt? In der Sowjetunion befassen sich viele tausend diplomierte Spezialisten mit der Interpretation des Marxismus, und dazu tun sie das selbstverständlich auf schöpferische Weise. Alle sollen also irren? Oder ist es umgekehrt – alles ist deshalb so gekommen, weil man Marx richtig interpretiert hat und eben genau das getan, was er wollte? Vielleicht ist das Ergebnis eben deshalb so schlecht, weil man Marx gehorcht hat, und hätte man ihm nicht gehorcht, wäre es besser ausgefallen? Oder hat eine Gruppe von Verschwörern die Macht ergriffen, das unglückliche, gutmütige Volk vergewaltigt und ihm eine solche sinnlose Existenz beschert? Es gibt doch Menschen, die meinen, das sowjetische Volk würde augenblicklich seine Regierung stürzen, wenn man ihm die Möglichkeit geben würde, diese Regierung zu wählen oder nicht zu wählen. Oder haben sich miserable Menschen bis zur Führungsspitze durchgeschlagen und die schönen Leninschen Prinzipien verdreht?

Ob der Sozialismus in der Sowjetunion richtig errichtet worden ist oder falsch, ob der Kommunismus wahr ist oder nicht, bis zu Ende verwirklicht oder nicht, ob es sich um Kommunismus oder Sozialismus handelt, ob marxistischer oder leninistischer, leninistischer oder stalinistischer Prägung – das ist alles nur ein Streit um Worte. Ich persönlich meine, man hat genau das errichtet, was man wollte. Die besten Erwartungen der besten Köpfe und Herzen der Vergangenheit haben sich alle vollständig erfüllt. Wie man so sagt, sie haben darum gekämpft – das haben sie davon. Im großen und ganzen haben diese Leute richtig interpretiert. Natürlich ist nicht alles vorausgesehen worden. Zum Teil, weil man es nicht voraussehen konnte, zum Teil, weil man es gar nicht voraussehen wollte, obwohl man es ahnte. Wozu zum Beispiel den blutigen Terror nach der Revolution voraussehen?! Dann hätte die Masse des Volkes wohl auch nicht ihre Erwartungen erfüllen können. Allerdings hätte die Masse in jedem Fall das getan, was sie getan hat. Dazu ist sie ja auch eine Masse. Und die Erwartungen waren es wert, einige zehn Millionen Feinde und Freunde (in erster Linie letztere) umzubringen. Nun, das war ein Versehen der Theorie, muß man annehmen. Ich wiederhole, man hat errichtet, was man wollte. Errichtet nach Plan, in voller Übereinstimmung mit den klugen Richtlinien der Führer und den Hoffnungen der Masse. Mehr als das, etwas anderes hätte man nicht errichten können. Errichtet werden konnte nur das, denn große Gesellschaften entstehen nach bestimmten sozialen Gesetzen, von denen, nebenbei gesagt, die Begründer des Marxismus und ihre jetzigen Nachfolger keine Ahnung hatten und auch jetzt keine haben. Errichtet ist tatsächlich alles auf realhistorischem

Weg, und die Führer und Regierenden agierten nach dem traditionellen Prinzip: »Was habe ich euch gesagt?!« Und nichts anderes kann herauskommen. Und wenn etwas Vergleichbares hier, im Westen, errichtet wird, wird es dennoch sowjetlike aussehen. Natürlich wird es einen unwesentlichen Unterschied geben. Bekanntlich war der Feudalismus in Frankreich sanfter als der russische. Und auch der Kommunismus wird hier wahrscheinlich sanfter sein. Wenigstens deshalb, weil es hier kein Sibirien gibt.

Als die Begründer des Marxismus die Idee der kommunistischen Gesellschaft propagierten und versprachen, das Paradies auf Erden zu errichten, stellten sie sich nicht vor, daß die Verwirklichung der besten Erwartungen der Menschheit, der allerreinsten menschlichen Ideale, jene schrecklichen Abscheulichkeiten hervorbringen würde, die heute eine bekannte Tatsache sind und über die man sich bereits einig ist, daß sie kein Zufall sind. Unsere Unzulänglichkeiten sind lediglich die Fortsetzung unserer Errungenschaften. Diejenigen Unzulänglichkeiten, die in der kommunistischen Gesellschaft offenkundig wurden, sind ebenso echt und natürlich wie ihre Errungenschaften. Nehmen wir einmal eine Tatsache wie den Massenterror nach der Revolution und unter Stalin als Beispiel. Was ist das eigentlich? Meiner Ansicht nach ist das die Volksherrschaft in ihrer realen Praxis. Das ist auch echte Freiheit, bis an die Grenze getrieben. Das ist die Macht des Volkes. Das soziale Leben ist ein sehr kompliziertes Phänomen. Und Paradoxa dieser Art kann man auf Schritt und Tritt finden. Die äußerste Vergewaltigung eines Individuums innerhalb einer solchen Gesellschaft erwächst eben aus der Fürsorge um das Individuum. Die soziale Ungleichheit wird in der kommunistischen Welt nicht beseitigt, sie ändert lediglich ihre Form und tritt noch schärfer zutage als in den westlichen Demokratien. Die soziale Ungleichheit wird eben da größer, wo die Prinzipien der Gleichheit verwirklicht werden. Das läßt sich beweisen, indem man eine konkrete Analyse dieser Gesellschaft durchführt. Mit einem Wort, um Klarheit darüber zu erlangen, was vor sich geht, um zu erfahren, ob es sich um einen Zufall handelt oder nicht, ob es sich wiederholen wird oder nicht, soll man nicht von den Träumereien einiger schöner Seelen ausgehen, die in früheren Jahrhunderten lebten, und auch nicht von den Versprechungen der Demagogen, von den Parteiprogrammen oder den Beschwörungen von Propheten, sondern von der Realität, in der wir leben.

Man wendet oft ein: »Marx hat gesagt«, »Marx hat versprochen ...« Nun sagen Sie mir doch, wem ich mehr glauben soll – Marx, der vor hundert Jahren gelebt hat und keine Ahnung hatte, was eine kommunistische Gesellschaft in Wirklichkeit ist, oder mir selbst, der ich in einer kommunistischen Gesellschaft aufgewachsen bin und dort sechsundfünfzig Jahre lang gelebt habe? Wem soll ich glauben – der sechzigjährigen Erfahrung eines kommunistischen Landes, der Erfahrung der vielen bereits kommunistisch gewordenen Länder oder den

Parteiprogrammen, die man übrigens je nach Situation austauschen kann? Sie können sicher sein: Wenn es um Macht geht, können diese Parteien Ihnen das Blaue vom Himmel herunter versprechen. Sie können sich nicht nur von der Diktatur des Proletariats distanzieren, sondern auch von der Vorrangstellung der Materie. Es ist verständlich, daß ich es vorziehe, mir selbst zu glauben, meinen eigenen Augen. Und ich rufe auch die anderen dazu auf. Aber von der Realität auszugehen genügt noch nicht – denn diese kann sich einem auf verschiedene Weise erschließen. Dazu einige Beispiele: Ausländer reisen in die Sowjetunion, besuchen eine Kirche, sehen, wie junge Menschen beten, wie sich junge Paare dort trauen lassen, wie Kinder getauft werden und wie sich ein bärtiger Dreißigjähriger bekreuzigt ... Sind das Tatsachen? Es sind Tatsachen. Und der Schluß scheint zwingend: In Rußland ist eine Wiederbelebung der Religion im Gange, und das russische Volk kehrt in den Schoß der orthodoxen Kirche zurück. Oder: In der Sowjetunion ist es derzeit unmöglich, jemanden zu finden, der nicht das Leben in der Sowjetunion kritisieren würde. Alle üben Kritik. Und wie! Viele Parteifunktionäre kritisieren die Lebensweise in der Sowjetunion schärfer als die Dissidenten. Das sind auch Tatsachen. Welchen Schluß zieht man bisweilen daraus? Es ist an der Zeit, die Sowjetmacht zu stürzen! Es kritisieren sie doch alle! Oder noch eine Tatsache: An den Marxismus glaubt niemand in der Sowjetunion. Es ist wirklich so, kaum einer glaubt daran. Obwohl alle ihre Prüfungen in Marxismus mit »Sehr gut« bestehen, sagen sie doch untereinander: Das ist doch primitiver Unsinn. Also: Wenn niemand an den Marxismus glaubt, die Ideologie zusammengebrochen ist, bedeutet das, daß die Gesellschaft zusammenfallen muß. Aber die Gesellschaft steht noch, wird sogar von Jahr zu Jahr stärker, gedeiht (von ihrem Standpunkt aus). Was ist also los? Nun, Fakten allein sind nicht genug, um zu verstehen. Fakten muß man in einer bestimmten Weise verstehen. Es gibt auch eine bestimmte Methode, Fakten zu verstehen. Wir leben immerhin im zwanzigsten Jahrhundert, dem Zeitalter der Wissenschaft. Und es wäre einfach dumm, die von der Wissenschaft erarbeiteten Mittel der Erkenntnis der Realität nicht zu nutzen. In unserer Zeit kann man sich nicht mit Beschwörungen und Aufrufen zufriedengeben. Es ist eine sorgfältige, ernsthafte Analyse der Wirklichkeit vonnöten. Sonst fällt man Irrtümern zum Opfer. Sonst kann man nur beliebige Programme aufstellen, die kurz aufflackern, eine Sensation sein und bald verlöschen werden.

Man sagt: Um die kommunistische Gesellschaft zu verstehen, muß man wissen, wie sie historisch gewachsen ist, man muß die Geschichte ihres Werdens betrachten. Aber es gibt da ein ganz triviales Prinzip: Wenn wir nicht wissen, *was* eigentlich entstanden ist, so ist es sinnlos zu klären, *wie* es entstanden ist. Man muß zuerst wissen, was das Phänomen eigentlich ist, und dann und auf dieser Grundlage erst kann geklärt werden, wie es denn entstanden ist. Ohne diese Voraussetzung ist jede historische Untersuchung sinnlos. Ich kann folgende auf den ersten Blick häretisch anmutende Behauptung formulieren: Gerade der historische Zugang zu einer solchen Gesellschaft wie der sowjetischen schließt die Möglichkeit ihres Verstehens aus. Warum? Die Geschichte ist weitergegangen. Die Menschen sind in Panzer geklettert, haben Reden gehalten, Gewehre ergriffen, Telefonstationen besetzt, an die Wand gestellt, geschossen, sie sind mit blanken Säbeln geritten und haben »Hurra!« geschrien – das war der Gang der Geschichte. Aber in dieser Zeit ist ganz unmerklich und unsichtbar in der Gesellschaft etwas gereift, das ich Soziologie nennen würde. Aber damit Tschapajew mit seinem Säbel auf einem dahinstiebenden Braunen galoppieren konnte, mußte es in seiner Division eine Kanzlei geben, und in dieses Büro mußte er Tische stellen, und hinter diese Tische Menschen setzen. Es mußten Papiere ausgestellt, Siegel daraufgesetzt, Stempel daraufgedrückt werden. Und als die Geschichte vorübergejagt und der Rauch verweht war, wurde klar, was wirklich entstanden, was von der Geschichte übriggeblieben war: das Büro. Die Geschichte verflüchtigte sich in der Vergangenheit, zurück blieb das Büro mit seinen Papieren, Stempeln, seiner Trübsinnigkeit, seinen Titeln, Einteilungen nach Dienstgraden, seinem Amtsschimmel, der Augenauswischerei und anderen schönen Dingen. Ich wiederhole, man muß die Gesellschaft so nehmen, wie sie entstanden ist und sich gegenwärtig unseren Augen darstellt. Und dann wird man verstehen, warum Tschapajew mit dem bloßen Säbel galoppiert ist: Ganz sicher nicht, um eine leidende Menschheit zu retten, sondern damit die Beamten jeglicher Funktionen des Machtapparates (ZK, KGB, Akademie der Wissenschaften, Schriftstellerverband usw.) in Privatautos in die Sonderläden fahren können, deren Waren es in den gewöhnlichen Geschäften nicht gibt, damit sie luxuriöse Wohnungen und Datschen erhalten und die allerbesten Kurorte und medizinischen Errungenschaften für sich in Anspruch nehmen können ...

Es wird gesagt, die sowjetische Gesellschaft befinde sich noch auf dem Weg zur Verwirklichung lichter Ideale und sei noch nicht angekommen. Sie werden sehen, wenn sie ankommen wird (und dazu fehlt nicht mehr viel – wir befinden uns bereits im entwickelten Sozialismus!), dann wird sich alles erfüllen, wovon man geträumt hat, und nichts wird sein, was man nicht erträumt hatte. Diese Vorstellung ist zumindest naiv. Es existieren Gesetze für die Entstehung von bestimmten Zivilisationstypen (für die »Kristallisation« einer Gesellschaft), die sich sogar dem Einflußbereich des ZK, der KPdSU und des KGB entziehen. Vom Standpunkt historischer Zeitbetrachtung her entstehen Zivilisationen nahezu augenblicklich. Es genügen mitunter einige Jahrzehnte. Dabei bildet sich die Gesellschaft sofort in der Form, in der sie dann Jahrhunderte weiterexistiert. Natürlich werden einige Veränderungen und Weiterentwicklungen vor sich gehen. Aber der Grundkern wird dadurch nicht erschüttert. Diese Zivilisation birgt an sich in ihrem Inneren keine Ursachen, die zu ihrer Zerstörung führen könnten. In der Sowjetunion ist die kommunistische Gesellschaft bereits formiert und hat ihr Reifestadium erreicht. Ihre natürlichen Züge sind zur Gänze ausgeprägt. Die Zukunft wird dem kaum noch etwas grundlegend Neues hinzufügen können. Man kann sogar beweisen, daß diese Gesellschaft selbst das Prinzip »jedem nach seinen Bedürfnissen« verwirklicht hat. Allerdings in einer paradoxen Form: »Jedem nach seiner sozialen Position«. Aber das ist ganz natürlich, denn die »vernünftigen« Bedürfnisse eines jeden sind ohnehin durch seine soziale Position bestimmt.

Ich komme nochmals darauf zurück, daß es eine präzise wissenschaftliche Methode dafür gibt, so komplizierte Phänomene wie das einer Gesellschaft von vielen Millionen Menschen zu verstehen. Insbesondere wenn man an die Erforschung einer Gesellschaft wie der sowjetischen geht, muß man mit der Erforschung des elementarsten Teilchens dieser Gesellschaft beginnen. Und das elementarste Teilchen der Gesellschaft, ihren kleinsten Teil, der in maximaler Weise die wesentlichen Züge des Ganzen trägt, kann man als Miniatur der Gesellschaft bezeichnen. Nehmen Sie jedes beliebige Institut, eine Fabrik, Sowchose, ein Geschäft, eine Schule, ein Krankenhaus, und Sie werden darin all das entdecken, was das Bild der Gesellschaft im Ganzen bestimmt: Unterdrückung des Individuums durch das Kollektiv, Verteilung nach dem Prinzip der sozialen

Stellung, Karrierismus, Heuchelei, Verstellung, Pfuscherei. Die Repressionsorgane des Landes, die scheinbar über dem »Volk« (was ist das eigentlich?) stehen und ihm nicht zugehören, stellen in Wirklichkeit Organe zur Unterdrückung des Individuums durch das Kollektiv dar, die einfach auf Landesebene die tatsächliche Stellung des einzelnen in der Gesellschaft vereinheitlichen. Gäbe es diese speziellen Organisationen nicht, so würde man für jede Organisationseinheit des Landes eigene Repressionsgruppen und Gefängnisse gründen. Ich weiß aus eigener Erfahrung, was die Macht einer Organisation bedeutet, die sich aus Kollegen und Freunden rekrutieren kann. In dieser Gesellschaft sind es in Wirklichkeit sie, die die höchste Macht haben. Ich versichere Ihnen, wenn man meinen Fall meinen ehemaligen Kollegen, Freunden und Mitarbeitern übergeben hätte, hinge ich längst an einem Strick in der Moskauer Wolchonka 14. Dort gibt es einen dafür sehr gut geeigneten Hof mit einem Blumenbeet in der Mitte. In der liberalen Chruschtschow-Ära wuchs mitten in diesem Blumenbeet ein schwindsüchtiger Maiskolben, der jedoch das Stadium der milchig-wachsigen Reife nicht mehr erreichen konnte.

Die sowjetische Gesellschaft ist eine Ansammlung von Hunderten Millionen von Menschen (unter Berücksichtigung aller Generationen sogar von Milliarden), die zusammen Milliarden von Handlungen ausführen. Stellen wir uns einen Augenblick lang folgende Abstraktion vor: Nehmen wir an, daß sich in dieser Gesellschaft im

Überfluß Konsumgüter eingestellt haben, und nehmen wir an, daß sie sich von irgendwoher auf diese Gesellschaft ergießen. Alles, was man sich denken kann: kostbare Pelze, Ringe, Brillanten, gekochte Würste, unverfaulte Kartoffeln, Cognac, Hammelfleisch, Hühner, Jeans, Strumpfhosen, Wohnungen... Die Bevölkerung ist aber über ein weites Territorium verstreut. Man muß also die Verteilung, Erhaltung und Lagerung der Güter organisieren. Das aber erfordert Experten und eine eigene Organisation. Und das bedeutet, Sie erhalten wiederum eine komplizierte hierarchische Organisation. Das ist auch bei den Franzosen, Chinesen und Kambodschanern so. Auch diese Organisation wird den universellen sozialen Gesetzen unterworfen sein. Andere Gesetze gibt es nicht. In diesem Zusammenhang fällt mir eine interessante Geschichte ein. Zu diesem Thema stritten sich in Moskau ein paar Intellektuelle, wobei sie das Problem in einer ein wenig rhetorischen Weise formulierten: »Wenn du schon so klug bist«, sagte einer der beiden Intellektuellen zum anderen, »so stell dir vor, man stellt dich an die Spitze der Regierung und gibt dir die ganze Macht. Was tust du, damit in der Sowjetunion nichts dergleichen mehr vorkommt, wie es jetzt passiert, und damit das ganze Leben so aussieht, wie du es dir vorstellst?« Der andere Intellektuelle gibt ihm zur Antwort: »Als erstes würde ich verfügen, daß die Macht zur Gänze dir übertragen werde.« Ich kann diesen Mann verstehen.

Mit einem Wort, die Gesellschaftsstruktur, die in der

Sowjetunion besteht, ist auf völlig natürliche Weise und in voller Übereinstimmung mit den sozialen Gesetzen entstanden. Es ist nichts unter Leiden Erreichtes oder von böswilligen oder dummen Menschen Erdachtes. Wenn es so wäre, daß sie ein Produkt der Vergewaltigung durch ein Häuflein Menschen wäre oder das einer Täuschung, dann wäre es ja gut. Aber das ist leider nicht der Fall. Wenn ich sage, daß dieser Zustand ganz natürlich ist, so bedeutet das nicht, daß ich diesen Zustand auch für gut halte. Mir persönlich gefällt er keineswegs. Aber er ist natürlich in dem Sinn, wie das Wasser natürlich ist als Lebensmilieu für Fische oder die Wüste für Schlangen. Er ist eine soziale Wüste. Aber Jahr für Jahr vollzog sich und vollzieht sich heute, von Generation zu Generation, eine Auslese von Individuen, die in diesem sozialen Milieu leben können. Das heißt, hier paßt sich der Mensch an das Milieu an, um dann wiederum ein solches Milieu hervorzubringen. Es entsteht ein Circulus vitiosus. Wie wenn die Vögel zu den Fischen sagen würden: »Es ist so schön hier in den Lüften, fliegt mit uns!« Aber die Fische können ja nicht fliegen, nur schwimmen...

Was bleibt schließlich und endlich in dieser, wie es scheint, ausweglosen Situation übrig? Wenn ich meinen Standpunkt so scharf formuliere, so nicht mit der Absicht, Schrecken zu verbreiten oder den Eindruck zu erwecken, Widerstand sei sinnlos. Im Gegenteil, ich bin der Ansicht, daß ich sogar in gewisser Weise eine mutige Haltung zum Ausdruck bringe, die etwa den Anstoß dazu geben kann, zu sagen: »Freunde, wir haben keinen Ausweg mehr, wir sind eingeschlossen, kämpfen wir bis zum letzten!« Überhaupt, in bezug auf die Entwicklung einer Gesellschaft auf irgendwelche Parteien zu zählen, auf irgendwelche Parteiführer, auf Propheten, auf gute Absichten, ist völlig sinnlos. Der Mensch kann nur auf sich selbst zählen, auf seine Fähigkeit zum Widerstand. Damit in dieser Gesellschaft auch nur eine kleine Evolution stattfindet, sind Jahre und Jahre notwendig, Jahrzehnte und Jahrzehnte, Opfer und Kämpfe. Ohne das kommt nichts heraus. Und zum Glück verhält es sich so, daß diese Gesellschaft natürlich Unzufriedene hervorbringt und Menschen, die zum Widerstand fähig sind. Dieser Kampf hat bereits begonnen. Gegenwärtig hat er die Form der Dissidentenbewegung angenommen. Meiner Ansicht nach ist dies das bedeutendste Phänomen in der sozialen Geschichte der Sowjetunion seit der Revolution. Es ist ernster und bedeutender als Weltraumflüge und Atombomben. Und somit bedeutender, weitaus bedeutender als das Erscheinen des nächsten epochalen Werkes von Breschnew darüber, wie er »Neuländer« erschlossen hat.

Paris, Dezember 1978

Die Opposition in der kommunistischen Gesellschaft

Vortrag anläßlich einer Konferenz in Florenz

Wenn ich den Begriff »kommunistische Gesellschaft« verwende, so meine ich damit eine Gesellschaft vom Typ der sowjetischen. Natürlich entstehen bei der Errichtung kommunistischer Gesellschaftssysteme in anderen Ländern gewisse Unterschiede, und dies wird immer der Fall sein. Aber der Typ der Gesellschaft verändert sich nicht, er wird derselbe bleiben. Ein solcher Gesellschaftstyp weist gezwungenermaßen folgende Merkmale auf: Der private Besitz von Produktionsmitteln ist aufgehoben, diese sind vergesellschaftet. Die gesamte Gesellschaft ist, quer durch alle Schichten hindurch und in ihrer ganzen geographischen Ausdehnung, von einem einzigen und einheitlichen Machtgefüge erfaßt. Dieses Machtsystem ist reiner Selbstzweck und erneuert sich auch immer wieder selbst, indem die verantwortlichen Organe mittels einer individuellen Selektion passende Personen darin aufnehmen; dieses Machtsystem gibt sich nach außen hin den Anschein einer gewählten Macht, ohne es tatsächlich zu sein. Im Lande besteht ein einheitliches Wirtschaftssystem, dessen einzelne Zweige stark voneinander abhängig sind und einem einheitlichen Plan unterworfen, der nicht auf Wettbewerb und freier Marktwirtschaft basiert, es wird eine staatliche Preispolitik betrieben usw. Die Gesellschaft ist in normierte Sozial- und Produktionszellen gegliedert, die vorgegebene und streng kontrollierte Funktionen im Leben der Gesellschaft erfüllen. Die Lebensbedingungen und alle Aktivitäten sind sowohl in diesen Zellen als auch in den anderen Existenzsphären der Menschen normiert. So werden die Individuen in irgendeiner Form unweigerlich an diese Sozial- und Produktionszellen und an ihre Wohnorte gebunden. Das Kollektiv übt über alle wesentlichen Aspekte des sozialen Lebens eine Kontrolle aus. Es entsteht eine komplizierte Hierarchie von sozialen und funktionellen Kollektiven und entsprechend dazu eine komplizierte Hierarchie der Funktionen und sozialen Positionen der Individuen. Die Gesellschaft ist in privilegierte und nichtprivilegierte Schichten aufgeteilt, deren Lebensstandard riesige Unterschiede aufweist. Spezielle Organe kontrollieren alle Existenzbereiche der Menschen. Eine bedeutende Rolle spielt dabei auch die einheitliche staatliche Ideologie. Das Erziehungs- und Bildungswesen ist gleichgeschaltet. Die Verteilung der Güter erfolgt entsprechend der sozialen Stellung der Individuen.

Damit sind die allgemeinen Züge einer Gesellschaft kommunistischen Typs längst nicht erschöpfend aufgezählt. Aber das Erwähnte genügt zum Verständnis dessen, wovon die Rede sein soll. Ich habe bewußt darauf verzichtet, auch Phänomene, die kommunistischen Ländern eigen sind, zu erwähnen, wie etwa Repressalien, das Fehlen der bürgerlichen Freiheiten, niederer Lebensstandard des Großteils der Bevölkerung, Stümperei und Mißwirtschaft, sinnlose Aufwendung von Unsummen für Staatsspektakel, Karrierismus, Korruption, Alkoholismus usw., denn diese Phänomene sind ja die Auswirkungen des kommunistischen Gesellschaftssystems und nicht dessen Grundlagen. Es ist auch nicht bewußte Absicht der herrschenden Kräfte dieser Gesellschaft, daß beispielsweise minderwertige Waren produziert, Probleme in der Lebensmittelverteilung geschaffen, korrupte Personen, Pfuscher und Karrieristen herangezüchtet werden. Das alles geschieht unabhängig von deren Willen, als unausweichliche Folge des Waltens einer solchen Gesellschaft.

Die kommunistische Gesellschaftsstruktur ist im Prinzip stabil (und sogar stagnierend), und zwar aus einer ganzen Reihe von Gründen, von denen ich nur einige als Beispiel nennen möchte. Ein kolossales Verwaltungs- und Kontrollsystem durchdringt die ganze Gesellschaft in den verschiedensten Bereichen, so daß sich der Mensch in diesem Netz der Macht buchstäblich gefangen sieht. Es ist eine relativ große Personengruppe, die die privilegierte Gesellschaftsschicht bildet und an der Erhaltung und Festigung dieses Systems äußerst interessiert ist. Wenn man von irgendwelchen Abweichungen von der Norm absieht, die übrigens selten zufälliger oder einmaliger Natur sind, so kann man sagen, daß alle arbeitsfähigen (aktiven) Mitglieder der Gesellschaft immer an die primären Kollektive gebunden sind, über diese ihre

Kräfte der Gesellschaft zur Verfügung stellen und wieder über sie die Lebensgüter erhalten. Folglich ist das Individuum daran interessiert, konform mit den Normen des Lebens und mit den Anforderungen des Kollektivs zu leben. Dafür gewährt die Kollektivgesellschaft dem Individuum bekanntermaßen Schutz und Hilfe in schwierigen Situationen. Die Arbeitsbedingungen sind gewöhnlich relativ leicht. Zwar ist der Lebensstandard verhältnismäßig niedrig, doch wird ein Minimum der Bedürfnisse, die Wohnen, Ernährung, Bekleidung, Freizeitgestaltung, medizinische Betreuung und Erholung betreffen, mehr oder minder befriedigt. Zwischen den Individuen und Gruppen herrschen Abhängigkeitsverhältnisse, die alle Beteiligten daran interessiert sein lassen, daß die Routine des alltäglichen Lebens erhalten bleibt. Psychologisch bedeutet die Unterordnung unter höhererseits ernannte Beamte eine geringere Erniedrigung als die unter private Vorgesetzte. Um so mehr, als die Beamten der unteren Stufen aus den niedrigen Gesellschaftsschichten hervorgegangen sind und praktisch auch weiterhin in diesen leben. In kritischen Situationen (bei Naturkatastrophen etwa) scheinen die Vorteile des Systems auf der Hand zu liegen: Die Menschen verfügen über nicht unbedeutende Möglichkeiten, sich zurechtzufinden und ihre Lebensumstände zu verbessern, indem sie ihre dienstliche Position und ihre persönlichen Beziehungen ausnützen – Diebstahl, gegenseitige Hilfeleistung, Bestechung, Beziehungen. Mit einem Wort, wenn man die realen Lebensumstände dieses

Gesellschaftssystems unvoreingenommen betrachtet, so kann man unzählige Fäden entdecken, die Millionen von Menschen in eben diesem monolithischen Block zusammenhalten, den die offizielle Propaganda gerne darstellt. Dazu denken Sie sich nun noch ein minutiös arbeitendes Erziehungs- und Indoktrinationssystem, mit dessen Hilfe ein einheitliches, stereotypes Verhalten aller Mitglieder der Gesellschaft (von wenigen Ausnahmen abgesehen), von den leitenden Personen bis zu den Putzfrauen, erreicht wird. Zwar ist die kommunistische Gesellschaft auch eine Gesellschaft von Menschen, die mit ihren Lebensbedingungen unzufrieden sind, aber die überwältigende Mehrheit ihrer Mitglieder ist ungeeignet, unter anderen Bedingungen zu leben, und empfindet ihre Lebensbedingungen als natürliches Lebensmilieu. Und es wäre naiv, anzunehmen, daß sich dieses Gesellschaftssystem lediglich auf Zwang und Lüge stützt. Sicherlich, Zwang und Lüge durchsetzen diese Gesellschaft bis in den innersten Kern. Aber sie sind den Menschen keineswegs so sehr von außen beziehungsweise von oben aufgedrängt als vielmehr durch deren tägliches Verhalten als natürliches Produkt entstanden, als Mittel zur Selbsterhaltung, Anpassung, Leitung, Organisation.

Es scheint, als müßte man daraus schließen, in dieser Gesellschaft herrschten Frieden und Eintracht, völlige Harmonie aller Beteiligten, aller Gruppen und Kollektive. Indes geht in ihr immer und überall ein erbitterter Kampf vor sich. Diese Gesellschaft siedet förmlich vor

Haß. Es raufen leitende Funktionäre, Professoren, niedere Beamte, Generäle und Schriftsteller miteinander... Und dieser Kampf ist ein notwendiger Bestandteil des üblichen Lebens der Gesellschaft. Er wird gewöhnlich in einer Form und mit Mitteln ausgetragen, die von der Gesellschaft akzeptiert werden. Und dabei schwächt er diese keineswegs und bildet auch nur in außerordentlich seltenen Fällen die Grundlage für eine Opposition zu eben dieser Gesellschaftsordnung. Also kann man in einer kommunistischen Gesellschaft bei weitem nicht jede Äußerung von Unzufriedenheit und keineswegs jeden Kampf immer als Opposition oder als Kampf gegen dieses Gesellschaftssystem oder gegen einzelne seiner Seiten betrachten.

Die kommunistische Gesellschaft nährt wie jede andere Gesellschaft natürlicherweise auch alle möglichen Arten von Unzufriedenheit mit den gegebenen Lebensbedingungen und den Wunsch, diese irgendwie zu ändern. Aber jedes Gesellschaftssystem ist durch den für ihn spezifischen Typ von Unzufriedenheit und von Wünschen nach Veränderung gekennzeichnet. In der Sowjetunion kann man beispielsweise sehr viele Leute finden, die darüber unzufrieden sind, daß private Produktionsmittel und freies Unternehmertum abgeschafft sind. Sie können auch Leute finden, die gerne wieder eine Monarchie mit Grundbesitzern und Kapitalisten errichten würden. Aber kann man Phänomene dieser Art nun ernst nehmen und sie als Zeichen der Unzufriedenheit und des Wunsches nach Veränderung, typisch eben für das kommunistische Gesellschaftssystem, betrachten? Natürlich nicht. Die erdrückende Mehrheit der Bevölkerung der Sowjetunion (übrigens ihr bester Teil) ist kategorisch gegen eine Überführung jener Einrichtungen und Unternehmen, in denen sie arbeitet, in Privatbesitz. Privates Unternehmertum nimmt sofort kriminelle Formen an, deren Ahndung die Bevölkerung gutheißt. Die Idee einer Wiederentstehung der Monarchie hingegen ist einfach lächerlich.

Andererseits wiederum ist in der Sowjetunion jeder mit irgend etwas unzufrieden. Hier kritisieren alle alles. Mit kritischen Hinweisen sind auch die Zeitungen und Zeitschriften voll. Die offizielle sowjetische Literatur steht *in puncto* Kritik an der sowjetischen Lebensweise der Dissidentenliteratur nicht nach, sondern übertrifft diese in gewissem Sinne sogar. Man wird schwer einen Sowjetbürger treffen, der nicht in dieser oder jener Form über die sowjetische Ordnung und die Machthaber lästern würde. Wie soll man darüber denken? Es gibt Leute, die in dieser Hinsicht meinen, die Tage der sowjetischen Macht seien gezählt und das sowjetische Volk würde bei wirklich freier Wahl von Regierung und Lebensform das sowjetische System ablehnen. Man konnte noch die Hoffnungen der ersten russischen Emigration rechtfertigen, die auf den Koffern sitzenblieb, da sie den baldigen Sturz des sowjetischen Regimes erwartete. Aber wenn derartige Hoffnungen zum jetzigen Zeitpunkt ausgesprochen werden, so kann man diese nur mit einem pathologischen Mangel an Verständnis der tatsächlichen Lage der Dinge oder mit dem Wunsch erklären, gewissen Strömungen hier im Westen zu schmeicheln. Erklären, aber nicht rechtfertigen. Es ist schließlich und endlich an der Zeit, der Tatsache ins Auge zu sehen, daß die kommunistische Gesellschaftsordnung etwas Tiefergreifendes und Stabileres ist als bloßer Betrug an leichtgläubigen Menschen und deren Unterdrückung durch ein paar Bösewichte. Es ist die völlig gesetzmäßige Existenzform einer vielmillionenköpfigen Bevölkerung, die sich von Generation zu Generation weiter erneuert und sich den Menschentyp, der ihr entspricht, immer wieder auswählt (aussucht, heranzieht). Ich will damit keineswegs sagen, daß dieses Gesellschaftssystem gut sei, besser als das, mit dem man im Westen lebt, daß es mir gefiele usw. Ich stelle nur Tatsachen fest.

Ich wiederhole – Unzufriedenheit mit den Lebensbedingungen herrscht in der Sowjetunion in den verschiedensten Bevölkerungsschichten. Und diese Unzufriedenheit ist ziemlich groß. Aber in Zusammenhang damit tauchen eine Reihe von Fragen auf: Wie sieht das Verhältnis zwischen dem Maß dieser Unzufriedenheit und der allgemeinen Haltung der Menschen gegenüber ihren Lebensbedingungen und Existenzformen aus? Ist diese Unzufriedenheit groß genug, daß die Menschen von sich aus beginnen würden, ihre Lebensumstände und -formen abzulehnen? Welche Möglichkeit gibt es, diese Unzufriedenheit nach außen (für die Umwelt und für die Machthaber bemerkbar) zu demonstrieren, sie auf einen allgemeinen und gemeinsamen Nenner zu bringen, und auf mehr oder minder breiter Ebene einen anhaltenden Kampf um Verbesserung dieser Lebensbedingungen zu führen? Ist die Unterdrückung öffentlicher Auftritte Unzufriedener durch die Machthaber der einzige und hauptsächliche Grund für das Fehlen einer breiten Protestbewegung? Über welche Ventile wird das offene Unbehagen abgeleitet? Um auf diese und viele ähnliche Fragen, die dieses Problem betreffen, eine Antwort zu erhalten, bedarf es einer ernsthaften und detaillierten soziologischen Untersuchung. Ich beschränke mich hier auf einige wenige Bemerkungen. Womit können Menschen in irgendeiner Gesellschaft unzufrieden sein? Mit den Lebensumständen, den Arbeitsbedingungen und den geringen Aufstiegschancen. Im kommunistischen System hängt die Befriedigung der Wünsche der Menschen im wesentlichen von der allgemeinen Situation des Landes und des etablierten Systems der Verteilung der Güter ab, und das wissen die Menschen von Kindheit an. Hier gibt es keine faßbaren Verantwortlichen für Katastrophen, und die Menschen versuchen, Besserungen ausschließlich im Bereich der Möglichkeiten des Systems und immer individuell (manchmal in kleinen Gruppen) zu erreichen. Die Stärke der Unzufriedenheit erreicht hier selten ein kritisches Stadium, denn die Menschen sind seit Generationen an einen niedrigen Lebensstandard gewöhnt. Die Möglichkeiten der Unterdrückung offen dokumentierter Unzufriedenheit sind hier sehr groß (administrative Maßnahmen in den Unternehmen, örtliche Machtbefugte, Miliz, Organe des KGB, Militär). Der Monatslohn ist gering, die Leute können es sich einfach nicht leisten, lange ohne Arbeit zu sein. Alle Existenzmittel befinden sich in der Hand der Machthaber. Aber das ist nicht das einzige Problem. Die Sozialstruktur der Bevölkerung ist so beschaffen, daß ein Zusammenschluß von Menschen ausgeschlossen ist, wenn dieser nicht offiziell erfolgt ist, zumindest auf einen mehr oder minder längeren Zeitraum. Gerade aufgrund der Struktur ihres täglichen Lebens und ihrer Aktivitäten passen sich die Menschen von oben bis unten für einen rein negativen Zusammenschluß an – einen Zusammenschluß mit dem Ziel, das Unbehagen der anderen zu unterdrücken; aber bezüglich einer positiven Äußerung ihres Unmutes sind sie zur Zersplitterung verurteilt und, im besten Fall, zu passiver Resistenz (gewissenlose Verrichtung der Arbeit, Pfuscherei, Augenauswischerei, Trunksucht).

Ich betone, um die Situation der Unzufriedenen im sowjetischen System und ihre Aussichten verstehen zu können, genügt es nicht, abstrakte Fakten dieser Unzufriedenheit und absolute Größen zu untersuchen (etwa die Anzahl derer, die mit etwas unzufrieden sind), sondern man muß Stellenwert und Rolle dieser Personen in den Kollektiven untersuchen, an die sie gebunden sind, die Einstellung dieser Kollektive ihnen gegenüber, aber auch ihr Schicksal im Falle des Ausschlusses aus den Kollektiven. Es kann im Land Millionen Unzufriedener geben, aber sie sind über das ganze

Land und über diverse Kollektive verteilt, und ihre Unzufriedenheit wird so praktisch gelähmt. Ein Zusammenschluß solcher Personen in genügend große Gruppen scheitert schon allein an der Organisation ihrer Existenz.

Ich möchte auf einen Punkt aufmerksam machen, der mit dem Problem der Opposition in der kommunistischen Gesellschaft eng zusammenhängt: Es ist die Frage der Freiheit und der Unfreiheit des Individuums in dieser Gesellschaft. Daß es unmöglich ist, in einer Gesellschaft zu leben und dabei von dieser völlig unabhängig zu sein, ist eine triviale Wahrheit. Indes – es verfügten sogar Sklaven und Leibeigene über gewisse Freiheiten, ohne die ihr Leben unmöglich gewesen wäre. Es ist wesentlich, zu wissen, in welcher Weise ein Individuum an die gegebene Gesellschaft gebunden und in welchem Sinne es frei ist. Von diesem Gesichtspunkt aus betrachtet wäre es der gröbste Fehler, die kommunistische Gesellschaft als Reich absoluter Unfreiheit oder absoluter Freiheit anzusehen. Und es wäre ebenso falsch, die Unfreiheit an sich als böswillige Erfindung nicht wohlgesinnter Menschen aufzufassen, Freiheit als solche dagegen als Zeichen von Herzensgüte der Regierenden. So ist etwa die Fixierung der Individuen an einen bestimmten Arbeitsort nicht einfach eine willkürliche Einschränkung der Freiheit oder eine Vergewaltigung. Sie ist schließlich auch eine wirtschaftliche Notwendigkeit, sie verschafft dem Großteil der Bevölkerung auf diese Weise eine Existenzmöglichkeit. Andererseits ist auch die

Macht des Kollektivs über das Individuum und die Macht der Führung des Kollektivs über die Untergebenen nicht unbegrenzt. Der Arbeitstag ist hier nach den Maßstäben der Gesellschaft geregelt und ist unabhängig von der Willkür örtlicher Machtbefugter. Ebenso verhält es sich mit dem Grundgehalt, dem Urlaub, einer minimalen Unterstützung im Wohnbereich und vielen anderen Aspekten, die für die Existenz wichtig sind. Es besteht die Möglichkeit, den Arbeitsplatz zu wechseln und einen angenehmeren zu wählen. Konflikte mit Vorgesetzten bedeuten kein allzu großes Risiko. Jemandem zu kündigen ist nicht so leicht. Wenn der Betreffende nicht gerade ein offensichtlich Krimineller oder ein Dissident ist, wird er von seinem Kollektiv und von öffentlichen Organisationen verteidigt. Mit einem Wort, das gewöhnliche Individuum der kommunistischen Gesellschaft ist in gewisser Hinsicht aufgrund objektiver Existenzbedingungen unfrei und verfügt zugleich über alle Arten von Freiheit, die für sein Leben unter diesen Bedingungen notwendig sind und dieses Leben einigermaßen erträglich machen.

Indessen sind die kommunistischen Länder in die Geschichte der Menschheit und in ein größeres Ganzes der menschlichen Welt einbezogen. Aus eben diesem historischen »Kontext« heraus (und nicht aufgrund irgendeiner außerhistorischen Natur des Menschen) hat ein Teil der Bürger dieser Länder Kenntnis von gewissen Produkten der jahrhundertealten Geschichte der Zivilisation, wie beispielsweise von den bürgerlichen

Freiheiten. Für den Großteil von ihnen bleibt dieses Wissen ein rein literarisches Phänomen, bleibt es ein passives Element der Kultur. Die überwältigende Mehrheit der Bürger einer kommunistischen Gesellschaft benötigt solche Freiheiten in der Existenzform, in der sie lebt, gar nicht. Und eben das ist der Grund, weshalb sie diese Freiheiten auch nicht haben. Sie haben sie nicht, sage ich nochmals, weil sie ihrer nicht bedürfen. Um es grob zu formulieren, diese Freiheiten lassen sie ebenso kalt wie ein Regenschirm einen Fisch. Es ist nur ein verschwindend kleiner Teil der Bevölkerung der kommunistischen Länder, der ein Bedürfnis nach diesen bürgerlichen Freiheiten verspürt, und das in einer historisch begründeten kulturellen Form, die dieser sozialen Realität vollkommen inadäquat ist.

Und doch – wie die Tatsachen beweisen, ist auch in kommunistischen Gesellschaften eine offene Opposition möglich. Es wäre fehl am Platz, zu diesem Thema abstrakte theoretische Betrachtungen anzustellen. Gegenwärtig kann man die Existenz dreier Formen von Opposition dieser Art registrieren, und sie stellen ein typisches Produkt der kommunistischen Lebensweise dar. Die erste von ihnen, historisch gesehen, ist der Antistalinismus. Er entstand noch in den Jahren vor dem Krieg. In den Kriegsjahren verstärkte er sich. Obwohl er in den Jahren nach dem Krieg nach außen hin nur in abgeschwächter Form vorhanden war, blieb er aktiv wie ehedem. Die größte Aktivität entfaltete er jedoch in der Zeit nach Stalins Tod. Das Besondere an dieser Periode bestand darin, daß damals der Kampf gegen den Stalinismus auf sehr breiter Ebene geführt wurde, auf der Ebene der höchsten Parteiorganisationen. Die berühmte Rede Chruschtschows war nicht erst die Kampfansage. Sie war ein äußeres Zeichen, ein Ergebnis und eine Synthese dieses Kampfes. Der Stalinismus erhielt damals das Image der Abweichung von den Normen der sowjetischen Gesellschaft. Der Kampf wurde im Namen der Wahrung dieser Normen geführt, im Namen der Gesetzlichkeit, der persönlichen Sicherheit und derjenigen, die dem sowjetischen Regime gegenüber absolut loyal waren. Und dieser Kampf erwies sich als erfolgreich, und zwar in erster Linie für die Parteiführung, für Funktionäre aller Art und für Personen, die eine wichtige Position in den Führungskollektiven und in der Gesellschaft überhaupt bekleideten. Obwohl dieser Kampf von Menschen begonnen und geführt wurde, die Opfer des Regimes geworden waren, kamen vor allem die Herren dieses Systems selbst in den Genuß seiner Früchte. Es war das erste Mal in der gesamten sowjetischen Geschichte, daß sie sich Herr der Lage und zudem in Sicherheit fühlten. Aber auch die Bevölkerung des ganzen Landes hatte profitiert. Das Leben wurde deutlich leichter und ruhiger.

Die zweite Form der Opposition ist der Liberalismus der Chruschtschow-Ära. Es ist ziemlich schwierig, diese Erscheinung genau einzuordnen, denn das Phänomen an sich war völlig unbestimmt und verschwommen. In dieser Ära begannen in allen wichtigen Lebensbereichen der sowjetischen Gesellschaft Menschen eines bestimmten Typs sich aktiv zu betätigen, Personen, die sich von ihren Vorgängern und Konkurrenten durch bessere Bildung, »große« Fähigkeiten und Initiative, freieres Gehaben und ideologische Toleranz unterschieden. Diese Leute behielten ihre Ziele zwar im Auge (Karriere, Annehmlichkeiten des täglichen Lebens, Befriedigung der Eitelkeit), brachten aber doch dem Land die bekannte Milderung der Lebensweise sowie eine Neigung zu westeuropäischen Kultur- und Lebensformen. Sie stimulierten die Kritik am kommunistischen System und beteiligten sich aktiv an ihr. Zugleich blieben sie aber diesem System gegenüber völlig loyal und traten in seinem Namen und in seinem Interesse auf. Sie waren nur darum besorgt, ihre Situation innerhalb dieses Systems so weit wie möglich zu verbessern und das System selbst bequemer für ihre persönliche Existenz zu machen. Wenn die erste Form der Opposition, der Antistalinismus, noch der Kampf gegen die Exzesse des kommunistischen Systems war, so war die zweite, der Liberalismus, eine Opposition gegen Provinzialismus, Stillstand und den grauen Alltag einer mittelmäßigen Existenz. Und man muß zugeben, daß in dieser Hinsicht die Breschnew-Ära, trotz allem, eine Fortsetzung der Chruschtschowschen darstellt – einzig mit dem Unterschied, daß der Liberalismus in für das Regime tolerierbare Grenzen gewiesen wurde.

Die dritte Form der Opposition ist die Dissidentenbewegung. Ich halte dieses Phänomen für das bedeutendste in der sozialen Geschichte der Sowjetunion, und zwar in dem Sinn, daß sie vor der ganzen Welt mit entschlossener Lautstärke die Frage nach dem Wesen der kommunistischen Gesellschaft gestellt und erstmals in deren Geschichte ein Beispiel für eine Opposition gegen dieses System als Ganzes geliefert hat. Diese Bewegung hat allein schon durch die Tatsache ihrer Existenz die Möglichkeit einer solchen Opposition ebenso wie deren Einfluß auf das Leben der Gesellschaft überhaupt unter Beweis gestellt. Zugleich hat sie aber auch die begrenzten Möglichkeiten einer Opposition in kommunistischen Gesellschaften allgemein aufgezeigt. Entstanden ist diese Bewegung gegen Ende der Chruschtschow-Ära, ihre maximale Stärke hat sie in den siebziger Jahren erreicht. Ihre personelle Zusammensetzung ist sehr heterogen: Gelehrte, Schriftsteller, Studenten, Juristen, Persönlichkeiten des geistlichen Lebens, emigrierwillige Menschen (jüdische Emigration) usw. Auch die persönlichen Motive, die die Menschen zu dieser Bewegung führen, sind sehr verschiedenartig. Verschieden sind auch ihre Überzeugungen und Ansichten. Aber es gibt dennoch Grundlagen genug, diese Bewegung als ein einheitliches Ganzes anzusehen. Das sind etwa das gemeinsame Schicksal als an dieser Bewegung Beteiligte, die Einstellung der offiziellen Vertreter der Gesellschaft und der Bevölkerung überhaupt ihnen gegenüber, die gemeinsame Tendenz hinsichtlich Ideologie und Organisation, persönliche Beziehungen, die sie verbinden, und die Aufnahme dieser Bewegung außerhalb (im Westen). Diese Grundlagen erlauben auch eine Unterscheidung der Dissidentenbewegung von anderen Formen der Opposition.

Die Tätigkeit der Dissidentenbewegung ist auf die Aufdeckung jener Fakten im Leben der sowjetischen Gesellschaft ausgerichtet, die gemäß offiziellem Gesichtspunkt entweder nicht existent sind oder aber zufällige Abweichungen von der Norm darstellen – also auf die Enthüllung des eigentlichen Wesens dieser Gesellschaft. Die Aktionsformen der Dissidenten liegen außerhalb dessen, was üblicherweise, traditionellerweise und manchmal aufgrund der Gesetze in der sowjetischen Gesellschaft zulässig ist. Das trifft zu auf öffentliche Erklärungen, den Samisdat, die Weitergabe von Informationen an westliche Presse und Rundfunk, auf Demonstrationen usw. Es ist bekannt, wie die Reaktion der offiziellen Machthaber und Organisationen sowie bestimmter Kreise der Bevölkerung war und ist. Personen, die in der einen oder anderen Form diesen Weg eingeschlagen hatten, verloren ihre soziale Stellung und ihre Arbeit. Viele wurden eingesperrt oder in psychiatrische Heilanstalten gebracht. Gegen viele wurden administrative Maßnahmen ergriffen. Andere zwang man zur Emigration. Und es muß gesagt werden, daß Kollegen und Mitarbeiter der Dissidenten den Machthabern aktiv behilflich waren, mit diesen fertig zu werden. Aber die Repressalien gegen die Dissidenten konnten diese Bewegung nicht zum Stillstand bringen; im Gegenteil, sie begünstigten sogar ihre Ausweitung, Vertiefung und Verhärtung. Sie trugen auch zu einer weiteren Annäherung der so verschiedenartigen Mitglieder der Bewegung bei und zwangen sie, sich bis zu einem gewissen Grad zu organisieren. Die Bewegung gewann immer deutlicher eine ideologische Einheit, indem sie die einheitliche Form eines Kampfes um die bürgerlichen Freiheiten, um die Menschenrechte annahm. Und obwohl sich diese Form des Kampfes nach allem zu urteilen spontan einstellte, bringt sie das Wesentliche der Bewegung zum Ausdruck: den Protest gegen die Unterdrückung und Versklavung des Individuums in der kommunistischen Gesellschaft – des Individuums, wie es sich im Geist der besten Errungenschaften der westeuropäischen Demokratie versteht. Und da die bürgerlichen Freiheiten (die Menschenrechte) untrennbar mit besagter Auffassung des Individuums verbunden sind, da sie etwas darstellen, das keineswegs aus den Grundlagen des kommunistischen Systems hervorgehen kann, sondern mit diesen sogar in einem gewissen Widerspruch steht, ist die Dissidentenbewegung nicht gegen einzelne Unzulänglichkeiten dieses Systems gerichtet, sondern gegen dessen Grundlagen selbst.

Die Dissidenten haben sich der formellen Deklarationen der sowjetischen Machthaber sowie der formellen sowjetischen Gesetzgebung über die bürgerlichen Freiheiten bedient, so daß die Bewegung formell innerhalb des gesetzlichen Rahmens erstand. Aber es ist niemandem unbekannt, daß diese Deklarationen und »Gesetze« (wie auch die Unterschriften unter die Vereinbarungen von Helsinki) nur leere Worte sind, die der tatsächlichen Natur der kommunistischen Gesellschaft nicht entsprechen. Vom rein soziologischen Aspekt her bringt diese Bewegung den Protest gegen die tatsächliche Situation des Individuums in der kommunistischen Gesellschaft zum Ausdruck, die durch die fundamentalen Strukturen dieser Gesellschaft bedingt ist. Wenn man die Dissidenz also einfach als Bewegung für die bürgerlichen Freiheiten (als Menschenrechtsbewegung) betrachtet, so kann man sagen, daß sie von vornherein zum Scheitern verurteilt ist, denn eine kommunistische Gesellschaft mit bürgerlichen Freiheiten für den einzelnen ist ebenso ein Nonsens wie eine kapitalistische Gesellschaft ohne Geld, Kapital, Gewinn. Wenn man jedoch diese Bewegung losgelöst von ihrer ideologischen Gestalt betrachtet, das heißt unabhängig davon, ob ihr Ziel – die Menschenrechte – praktisch erreichbar ist oder nicht, so muß man ihr immerhin Effektivität und gute Aussichten zugestehen. Welche ideologischen Formen sie auch annehmen wird, sie ist von den fundamentalen Existenzbedingungen der Gesellschaft hervorgebracht worden, und die Zerstörung dieser Bedingungen ist gleichbedeutend mit der Aufhebung des gesellschaftlichen Regimes selbst. Und solange diese Bedingungen herrschen, wird sich immer ein Protest gegen sie erheben; ein Protest, der gegenwärtig die Form der Dissidentenbewegung angenommen hat.

Die Frage der Bedeutung der Dissidentenbewegung, ihres Einflusses auf die Bevölkerung und der Einstellung dieser Bevölkerung ihr gegenüber ist allerdings die schwierigste. Hier kann scheinbar jede Ansicht von Tatsachen gestützt werden. Jene etwa, daß diese Bewegung quantitativ klein und schwach sei. Oder auch jene, daß sie groß und stark sei. Und jene, daß ihr Einfluß auf die Gesellschaft minimal sei. Und jene, daß dieser Einfluß enorm groß sei. Auch die, daß die Bevölkerung sie nicht unterstütze. Sowie jene, daß sie sich großer Unterstützung erfreue. Tatsächlich sind alle Beurteilungen im gegebenen Fall relativ, denn es gibt keine einheitlichen und unumstrittenen Vergleichskriterien, noch zuverlässige Meßmethoden, und eine objektive Untersuchung ist ausgeschlossen (die Machthaber ließen eine solche nicht zu, auf Fragen würde nicht ehrlich geantwortet usw.). Also muß man sich auf seine persönliche Erfahrung stützen, auf Informationen anderer, auf sein allgemeines Bild von der Situation im Land und dem Charakter seiner Bevölkerung. Daher bin ich kein Verfechter oder Anhänger einer quantitativen Einschätzung der Dissidentenbewegung (in Begriffen wie groß, klein, stark, schwach usw.), sondern eher der einer qualitativen. Unter den in der sowjetischen Gesellschaft herrschenden Bedingungen kann das Auftreten eines einzigen Menschen eine Rolle spielen, die der Rolle einer ganzen politischen Gruppe oder sogar Partei vergleichbar ist. Aber eine einmütige Verurteilung dieses Menschen durch die Bevölkerung kann nichts über die tatsächlichen Spuren aussagen, die die Tätigkeit dieses Menschen in ihrem Inneren hinterlassen hat. Daher ist es kein Zufall, daß die Dissidentenbewegung in der Sowjetunion so personifiziert ist, also öfter durch die Namen der Beteiligten repräsentiert als durch Benennungen von Gruppen. Und eine rein quantitative Einschätzung wird hier der tatsächlichen Situation nicht gerecht werden.

In erster Linie ist die Tatsache der Entstehung und Dauerhaftigkeit der Dissidentenbewegung selbst schon ein Phänomen von historischer Bedeutung. Begraben sind ein für allemal die Illusionen von einem kommunistischen Paradies auf Erden. Es ist eindeutig klar geworden, daß die künftige Geschichte des Kommunismus nicht in Harmonie und eitel Wonne, sondern in Raufereien ablaufen wird. Die Dissidenten haben Verhaltensmuster gegeben, die eine Nachahmung wert sind. Und diese gibt es tatsächlich. Alles, was mit dem Dissidententum zu tun hat, bildet einen der Hauptgegenstände (oft *den* Hauptgegenstand) von Gesprächen und Überlegungen in den verschiedensten Gesellschaftsschichten. Und zumindest im Bereich des Geisteslebens der sowjetischen Gesellschaft hat es im letzten Jahrzehnt nichts gegeben, das mehr Aufmerksamkeit erregt hätte als die Dissidentenbewegung. Es wäre ungerecht, zu leugnen, daß gewisse Milderungen im Bereich des kulturellen Lebens in den letzten Jahren auf die Dissidentenbewegung zurückzuführen waren. Sogar die Machthaber erhalten dank den Dissidenten eine gewisse Ahnung von der tatsächlichen Situation im Lande und sehen sich zu flexibleren Führungsmethoden gezwungen. Schließlich hätte die

Dissidentenbewegung ohne moralische und materielle Unterstützung eines nicht unbeträchtlichen Teils der Bevölkerung nicht einmal ein Jahr lang existieren können. Die Unterstützung durch den Westen ist offensichtlich. Aber es wäre nicht angebracht, diese auf Kosten der inneren Basis der Bewegung überzubewerten. Ohne diese innere Basis wäre überhaupt auch die Hilfe des Westens gar nicht möglich. Die Dissidentenbewegung übt vor allem auf die Denkweise bestimmter Bevölkerungskreise einen Einfluß aus, und über diese dann auf die breitere Masse. Es wäre dumm, zu erwarten, daß diese Einflüsse unmittelbar Folgen zeitigen, sichtbar und den Ideen der Dissidentenbewegung entsprechend. Es ist derzeit praktisch noch nicht möglich, den Mechanismus dieses Einflusses zu verfolgen und seine Folgen abzusehen. Aber dazu besteht auch keine besondere Notwendigkeit. Die historische Erfahrung der Menschheit gibt uns genügend Grundlagen zur Hoffnung.

So erlaubt uns also die Beobachtung der historischen Erfahrung der Sowjetunion drei grundsätzliche Formen der Opposition zu unterscheiden: 1. die Opposition gegen die Exzesse des Regimes; 2. die Opposition gegen Stillstand und Konservativismus; 3. die Opposition gegen das Fehlen der bürgerlichen Freiheiten. Diese drei Formen stehen selbstverständlich in wechselseitiger Beziehung zueinander, beeinflussen einander, gehen ineinander über. So ist die Kritik gegen den Massenterror in der Stalinära zu einer Kritik am realen kommunistischen Gesellschaftssystem überhaupt geworden, und die

Reaktion auf Terror gegenüber Menschenrechtskämpfern bringt wieder eine Opposition des ersten Typs hervor. Aber dennoch ist der Unterschied zwischen diesen drei Formen der Opposition deutlich genug und in vieler Hinsicht wichtig.

Abschließend möchte ich sagen, daß eine Teilung der Welt in eine kommunistische und eine dieser entgegengesetzte kein geographisches Phänomen ist. Das, was in den westlichen Ländern vor sich geht, hat seinen guten Grund: Die Phänomene und Tendenzen kommunistischen Typs im Westen sind nicht zu übersehen. Wichtig ist aber zu wissen, daß diese Teilung auch die kommunistischen Länder betrifft. Letztere versuchen ebenfalls, sich in dieser oder jener Form der Lawine des Kommunismus zu widersetzen. Mir scheint, daß selbst die Wegbereiter und Führer der kommunistischen Lawine, die über die Menschheit rollt, ihrer Erfolge nicht so recht froh werden und sie gerne irgendwie in eine gemäßigte Form bringen würden. Das ist nicht verwunderlich. Diese Lawine ist der Kontrolle der Menschheit entglitten. Die Rolle jeder wie immer gearteten inneren Opposition mit dem Ziel, die Kontrolle über diese Lawine wenigstens teilweise zurückzugewinnen, ist von unbestreitbarer Bedeutung.

München, Januar 1979

Ost *und* West

Auszug aus einem Beitrag
für den Westdeutschen Rundfunk

Ich lebe bereits seit einem halben Jahr im Westen. In dieser Zeit hatte ich Gelegenheit, mit Menschen verschiedener Altersstufen, gesellschaftlicher Stellungen und Überzeugungen zusammenzukommen. Und ich habe mich auch schon davon überzeugen können, daß hier den Vorgängen in der Sowjetunion großes Interesse entgegengebracht wird. Dabei handelt es sich nicht um ein ethnographisches Interesse, wie es etwa von Bewohnern zivilisierter Länder wilden Eingeborenen auf einer kleinen Ozeaninsel oder im Dschungel entgegengebracht wird, oder um eine unnütze Neugier wie etwa die von Touristen, die ein ihnen fremdes Land besuchen, sondern dieses Interesse geht weit tiefer. Es wird dem Gesellschaftssystem entgegengebracht, das in der Sowjetunion nach der Oktoberrevolution entstanden ist, und dem ganzen Problemkomplex, der in dieser oder jener Form damit verbunden ist. Ich möchte einige dieser Probleme nennen.

Ist der in der Sowjetunion entstandene Gesellschaftstyp als ein Ergebnis der Vergewaltigung des Volkes durch eine kleine Gruppe von Verschwörern zu betrachten oder als etwas von der breiten Masse der Bevölkerung Selbstgeschaffenes – als ein natürliches Produkt der Geschichte?

Ist dieses Gesellschaftssystem stabil?

Wodurch hält es sich, bei den schwierigen Lebensbedingungen, mit denen die Bevölkerung unzufrieden ist?

Wie sieht die Beziehung zwischen Machthabern und Volk, Partei und Volk, Partei und Machthabern aus?

Welche Rolle spielte und spielt die marxistische Ideologie bei der Schaffung und Erhaltung dieses Gesellschaftstyps?

Entspricht diese Sozialstruktur den Idealen des Marxismus oder nicht?

Ist dieses System der wahre Sozialismus oder nicht?

Worin besteht der Unterschied zwischen Sozialismus und Kommunismus?

Ist dieses System realer Kommunismus?

Ist der sowjetische Marxismus authentisch oder nicht?

Welche Eigenschaften der sowjetischen Gesellschaft sind rein national oder historisch bedingt, und was ist als allgemein sozialistisch oder allgemein kommunistisch anzusehen?

Wie verhält es sich mit den bürgerlichen Freiheiten?

Ist der Massenterror der Stalinära ein notwendiges Element im Aufbau dieses Gesellschaftssystems? Was bedeutet er eigentlich?

Sind die Unzulänglichkeiten der sowjetischen Lebensweise vorübergehende Phänomene oder sind sie ein logisches Produkt der Gesetzmäßigkeiten einer solchen Gesellschaft?

Welches sind die grundlegenden Eigenheiten des Lebens dieser Gesellschaft, aus denen ihre anderen sichtbaren Erscheinungen hervorgehen?

Wo liegen die Qualitäten und wo die Nachteile dieses Systems?

Könnte man in diesem System die Qualitäten bewahren und dabei die Unzulänglichkeiten überwinden?

Ist ein Kommunismus mit menschlichem Gesicht möglich?

Gibt es einen anderen Weg, ein kommunistisches oder sozialistisches System zu errichten, als den der Sowjetunion, einen Weg, der von deren Fehlern frei ist?

Wie verhält es sich mit der Liberalisierung der sowjetischen Gesellschaft, und wie sehen ihre Aussichten aus?

Ist eine Gesellschaft denkbar, die in sich sowohl die Vorzüge der westlichen Demokratien als auch die des sowjetischen Kommunismus vereinigt und dabei von den Unzulänglichkeiten beider Systeme frei ist?

Wie löst der Kommunismus die Probleme, die in den kapitalistischen Ländern anwachsen (wie beispielsweise Arbeitslosigkeit, Rassen- und Nationalitätenfragen)?

Die Beziehungen zwischen dem Westen und der Sowjetunion. Die Opposition in der Sowjetunion, ihre Natur und ihre Aussichten. Und viele andere Probleme. Ich habe allerdings längst nicht alle aufgezählt.

Aus dem Interesse an all dem spricht jedoch nicht einfach nur akademischer Wissensdrang, sondern Besorgnis. Nämlich die, daß dasselbe, was in der Sowjetunion geschehen ist und geschieht, auch hier passieren kann. Aus allem spricht der Wunsch, einer solchen Situation ganz oder wenigstens teilweise zu entgehen. Oder sie zumindest in gemilderter Form zu erleben und gewisse Annehmlichkeiten des westlichen Lebens zu bewahren. Daher stammen die Reden, daß der Sozialismus (oder Kommunismus) in der Sowjetunion nicht richtig verwirklicht sei und daß man ihn im Westen weit besser errichten würde (wie man hier überhaupt alles besser macht), daß ein dritter Weg möglich sei, daß der Marxismus entstellt worden sei und man ihn in seiner ursprünglichen und reinen Form anstreben müsse... Daher stammen der Eurokommunismus und die Versprechungen der Lokalkommunisten für die Zukunft, nämlich daß sie, wenn sie an die Macht kämen, keinen Massenterror veranstalten, die bürgerlichen Freiheiten und den hohen Lebensstandard bewahren würden, ebenso das Vielparteiensystem usw. Die Probleme sind, wie Sie sehen, ernster Natur. Und das Interesse ihnen gegenüber ein besorgtes. Und obwohl über diese Fragen ganze Ozeane von Tinte ausgeschüttet wurden, bleibt dieses Interesse allem Anschein nach unbefriedigt. Das ist auch verständlich, denn die Gefahr einer neuen Gesellschaft vom Typ der sowjetischen wird immer stärker spürbar. Man kann sogar sagen, daß sie bereits an der Schwelle des Bewohners der westlichen Länder steht und an seine Türe klopft. Noch schlimmer, ich persönlich würde sogar sagen, daß sie in mancher Hinsicht bereits in sein Haus eingedrungen ist.

Ich habe schon oft meine Ansichten zu den erwähnten Problemen und anderen dieser Art geäußert. Ich habe das sicherlich lückenhaft getan, in Varianten, im Zusammenhang mit irgendwelchen anderen Fragen und meist improvisiert. Ich erhebe auch jetzt keinen Anspruch auf Vollständigkeit und Systematik meiner Ausführungen. Ja, ich glaube sogar, daß ein straffes und abgeschlossenes Konzept, das einen bedingungslosen Lösungsvorschlag für diese Probleme anbieten würde, zum gegenwärtigen Zeitpunkt den Eindruck eines vorgefaßten starren Schemas erwecken würde. Und die Menschen sind, wie mir scheint, solcher Schemen müde. Dennoch habe ich gewisse allgemeine Richtlinien, an die ich mich immer halte und von deren Gültigkeit ich mich aufgrund langjähriger Überlegungen überzeugen konnte.

Um sich in Problemen der Art, wie ich sie angedeutet habe, zurechtzufinden und um ausreichend zuverlässige Schlüsse ziehen zu können, die eine Orientierung in der komplizierten Realität und mehr oder minder sichere Prognosen ermöglichen, muß man bestimmte Prinzipien der Erkenntnis beachten. Diese darzulegen, wäre eine langwierige und gar nicht so einfache Aufgabe. Ich erkläre nur kurz, was ich meine.

Wenn wir die Menschheit wirklich verstehen und sie nicht einfach nur beunruhigen und uns als Propheten und Führer Selbstbestätigung verschaffen wollen, die dieser Menschheit einen Weg diktieren, so müssen wir von der gegebenen Realität ausgehen und nicht von den Ideen wohlmeinender Träumer, die die Leidenden beglücken wollen, nicht von den Versprechungen von Demagogen und Propagandisten, nicht von Parteiprogrammen und nicht von irgendwelchen Modellen und Mustern für eine zukünftige Gesellschaft. Alle Arten von Entwürfen und Modellen einer Zukunft, Programme und Versprechungen spielen zwar im Leben der Menschen eine Rolle, aber diese Rolle hat absolut nichts mit der Absicht zu tun, das reale Leben, seine objektiven Gesetze und Tendenzen zu begreifen. Und das müßte meiner Ansicht nach derzeit schon sehr vielen Menschen klar sein. Wenn zum Beispiel die kommunistische Partei eines demokratischen westlichen Landes verspricht, sie würde, wenn sie hier an die Macht käme, die positiven Seiten der westlichen Demokratien (auch bürgerliche Freiheiten und hohen Lebensstandard) beibehalten und die negativen eines kommunistischen (oder sozialistischen) Systems, wie sie in der Sowjetunion und den Ostblockländern aufgetreten sind und immer noch auftreten, vermeiden, so bedarf es wirklich eines völligen Fehlens an gesundem Menschenverstand, himmelschreiender Ignoranz soziologischer Fakten und absoluter Vernachlässigung historischer Tatsachen, um glauben zu können, daß solche Versprechungen zu einer Klärung sozialer Phänomene beitragen könnten.

Es ist beispielsweise allgemein bekannt, daß die Vorstellung von einer Gesellschaft, in der die sozialen Gegensätze zwischen den Menschen aufgehoben sind, eine der fundamentalen Ideen des Marxismus ist – und viele halten sie für eine Wahrheit. Dabei ist sie sowohl theoretisch als auch praktisch völlig absurd. Eine solche Gesellschaft ist nicht einmal auf dem Friedhof zu realisieren: die einen werden in Mausoleen begraben, die anderen an der Kremlmauer, die dritten auf dem Friedhof des Nowodewitschyklosters, die vierten auf jenem des Donskojklosters, die fünften auf dem Wostrjakowsky-Friedhof, die sechsten schließlich -zig Kilometer von Moskau entfernt. Und die Gräber vieler Menschen sind überhaupt unauffindbar. Also braucht man gar nicht erst vom wirklichen Leben zu reden. Der Kommunismus hebt die sozialen Unterschiede nicht auf und kann es auch gar nicht. Er verleiht ihnen lediglich eine andere Form, wobei er die sozialen Gegensätze in so ungeheure Ausmaße steigert, daß diese jenen im Westen zumindest nicht nachstehen. Die Erfahrung der Geschichte macht überzeugend genug deutlich, daß dann, wenn die Menschen ihre wunderschönen Pläne und idealen Modelle in die Realität umzusetzen beginnen, aus den edelsten Absichten die abscheulichsten Greueltaten entstehen.

Aber aus der Realität kann man verschiedene Schlüsse ziehen. Das Leben einer Gesellschaft ist komplex und vielfältig. Man kann die verschiedensten Tatsachen beobachten, und für jede beliebige vorgefaßte Meinung lassen sich die passenden Fakten zusammentragen. Die Tatsachen können in beliebiger Richtung interpretiert werden. So kommen beispielsweise ausländische Touristen und Journalisten in eine Moskauer Kirche und sehen dort Jugend versammelt, sehen Kindertaufen, die Trauung eines jungen Paares, und fertig ist das Bild von einer Renaissance der Religion in Rußland. Und es werden sich genug Leute finden, die ihre Wunschvorstellungen als Realität sehen und dieses Bild bestätigen. Man wird in der Sowjetunion kaum jemanden finden können, der nicht die sowjetischen Verhältnisse kritisiert und seine Unzufriedenheit über sie zum Ausdruck bringt. Und was fügt sich einleuchtender in dieses Bild ein als eine Sowjetmacht, die sich nicht auf die Bevölkerung stützt, sondern sich nur mit Hilfe von Bajonetten halten kann (von welchen Bajonetten übrigens?!)? In der Sowjetunion glaubt niemand an den Marxismus. Und wieder ist die Vorstellung fertig, nach der die sowjetische Gesellschaft, die bisher von der marxistischen Ideologie zusammengehalten wurde, zerfällt. Indes – die sowjetische Gesellschaft zerfällt nicht. Und das Machtsystem, das die ganze Gesellschaft wie ein dichtes Netz umgibt, hält gut. Und »das Volk« sinnt keineswegs auf dessen Sturz, ja nicht einmal auf dessen Umwandlung. Die Regierung hat für die Idee einer »religiösen Renaissance« nur ein höhnisches Lachen übrig, nachdem sie sich mit der orthodoxen Kirche wunderbar arrangiert. Und der fehlende Glaube an den Marxismus schwächt sie in keiner Weise, denn der Marxismus ist eine Ideologie, und an eine Ideologie glaubt man nicht, man akzeptiert sie. Und nicht einmal die Dissidentenbewegung vermag die Grundfesten der Gesellschaft zu erschüttern, denn diese Gesellschaft organisiert und erhält sich entsprechend realhistorischen Gesetzen und bringt immer wieder Menschenmaterial hervor, das ihr adäquat ist, und dieses reproduziert wiederum durch den natürlichen Verlauf seiner Existenz dieses Gesellschaftssystem.

Mit einem Wort, Tatsachen allein und ihre Feststellung lösen noch keine Probleme. Sie bedürfen einer Auslegung. Einer Auslegung nach bestimmten Regeln. Wir leben am Ende des zwanzigsten Jahrhunderts, des Jahrhunderts mit dem höchsten Stand der Wissenschaft. Da kommt man mit dilettantischen Beurteilungen und prophetischem Geschwätz nicht weit. Man muß die Fakten entsprechend dem intellektuellen Niveau unserer Epoche studieren. Man muß die beobachteten Tatsachen zu deren Verständnis zu verwenden wissen. Ich habe in meinen Büchern den Versuch unternommen, auf (soweit als möglich) allgemeinverständlichem Niveau und in einer etwas ungewöhnlichen literarischen Form die Aufmerksamkeit der Menschen, die über unsere Lebensform nachdenken, in diese Richtung zu lenken. Es steht mir nicht zu, zu beurteilen, wie weit mein Versuch gelungen ist. Ich erwähne ihn nur in Zusammenhang mit einem generellen Prinzip.

Ich habe die sowjetische Gesellschaft, die ich als klassisches Musterbeispiel einer kommunistischen Gesellschaft betrachte, viele Jahre lang in der erwähnten Weise studiert. Und ich bin zur Überzeugung gelangt, daß die Situation, die durch dieses System in der Welt entsteht, weit ernster ist, als man üblicherweise annimmt. Die Vorstellungen von der sowjetischen Gesellschaft sind in den Kreisen ihrer Verfechter wie ihrer Kritiker, sowohl in der Sowjetunion als auch im Westen, in den meisten Fällen oberflächlich, primitiv und oftmals einfach lächerlich. Als ich beispielsweise in meinen Büchern schrieb und auch bei öffentlichen Vorträgen sagte, daß diese Gesellschaft monolithisch sei, ihre Partei und das Volk eins, daß sich dieses System als Ergebnis von Aktionen einer vielmillionenköpfigen Volksmasse formiert habe, daß der Massenterror der Stalinära eben von jener Bevölkerung ausgeführt worden sei, daß die Vergewaltigung der Individuen durch das Kollektiv hier lediglich die Kehrseite der Beschützung der Individuen durch das Kollektiv sei, daß der Marxismus dieser Gesellschaft in ihrem gegenwärtigen Zustand bestens diene, da wurden meine Ausführungen als sonderbare Ideen aufgenommen, als bewußte Paradoxa und sogar als Verfechtung des sowjetischen Gesellschaftssystems. Dabei könnte man leicht beweisen, daß das nur die allerharmlosesten Phänomene des Lebens der kommunistischen Gesellschaft sind und daß die Realität weit paradoxer und schrecklicher ist. Solchen Phänomenen gegenüber kann man vielleicht jetzt abwinken und sie in den Bereich literarischer Scherze verweisen. Aber sie werden sich in dieser oder jener Form noch bemerkbar machen, denn sie sind äußere Zeichen eines tieferliegenden Kerns der Sache. Und es geht jetzt nicht darum, irgendein ideales Modell für eine zukünftige Gesellschaft zu finden, die frei von den Unzulänglichkeiten der sowjetischen und der westlichen Gesellschaft sein soll, sondern es geht um das Verständnis der kommunistischen Realität und ihrer objektiven Tendenzen, um den Widerstand gegen sie mit allen verfügbaren Kräften und Mitteln.

Von diesem Gesichtspunkt her schätze ich die Entstehung der Dissidentenbewegung in der Sowjetunion als das bedeutendste Phänomen in deren sozialer Geschichte ein, ein Phänomen von ungleich größerer Bedeutung als die Flüge in den Weltraum und die Nutzung der Atomenergie. Ich mache mir keine Illusionen hinsichtlich der personellen Zusammensetzung, des intellektuellen Niveaus und der Zielsetzung dieser Bewegung. Aber das alles ist unwesentlich. Das Wesentliche ist die Tatsache ihrer Existenz, die die Menschen von der Möglichkeit eines Widerstandes gegen das kommunistische Regime überzeugt, der von innen kommt.

Ungeachtet der Tatsache, daß man hier im Westen dem realen Kommunismus (der Praxis des Kommunismus) in der UdSSR lebhaftes Interesse entgegenbringt, ist die Einstellung des Westens gegenüber einem realen Einbruch des Kommunismus ziemlich sorglos. Das Wort »sorglos« mag hier nicht ganz angebracht sein, denn es gehört in den Bereich der Psychologie, während ich den soziologischen Aspekt der Sache meine. Ich erkläre konkret, was ich damit sagen will.

Das, was die Bevölkerung der westlichen Länder (und das nicht einmal aller) beunruhigt, ist nur die militärische Bedrohung von seiten der Sowjetunion. Aber eine solche ist gar nicht die allerschrecklichste. Weit ernster zu nehmen ist die Tatsache der Existenz der kommunistischen Länder selbst und deren friedliches Eindringen in die Länder des Westens, wie auch die Tatsache, daß es in den westlichen Ländern soziale Phänomene kommunistischer Prägung gibt und daß diese sich ausweiten. Man könnte dem entgegenhalten, daß dieses Eindringen verschiedener Phänomene ein wechselseitiges ist und daß in kommunistischen Ländern antikommunistische Phänomene auftreten, beispielsweise in Form von religiösen Bewegungen und Dissidententum. Das stimmt, aber mit einem Unterschied. Der Einfluß des Westens auf die kommunistischen Länder und der Einfluß in der entgegengesetzten Richtung sind verschiedener Art. Der erstere berührt die Fundamente der kommunistischen Lebensform in keiner Weise, während der letztere die Grundlagen der westlichen Demokratien und überhaupt der gesamten Lebensstruktur des Westens untergräbt. So profitieren zum Beispiel von den Früchten westlicher Kultur und vom Kontakt der Sowjetunion mit dem Westen in erster Linie die Repräsentanten der privilegierten und wohlhabenden Bevölkerungsschichten, was wiederum die dem Kommunismus eigene Tendenz der Spaltung der Gesellschaft in privilegierte und niedere Schichten, also die soziale Ungleichheit, fördert. Die aus der Sowjetunion in den Westen exportierten Verhaltensmuster der Politiker, Beamten, Kulturfunktionäre, aber auch gewöhnlicher Leute senken die analogen Verhaltensformen im Westen bis auf das Niveau der kommunistischen Gesellschaft. Die kommunistischen Länder drängen der Welt ihre soziale Psychologie, ihr intellektuelles Niveau, ihre Organisationsformen, ihren

Arbeitsstil auf und vermindern dabei allmählich und unmerklich das allgemeine Niveau der westlichen Zivilisation oder bremsen zumindest dessen Weiterentwicklung. Gar nicht erst zu reden vom Heer von Spionen, die in den Westen geschickt werden und hier vortreffliche Bedingungen für ihre Aktivität vorfinden, und von der fünften Kolonne, die zu gegebener Zeit für den Westen eine schicksalshafte Rolle spielen kann. Gegen die reguläre Armee verfügt der Westen immerhin über seine eigenen Armeen, gegen die modernen Waffen über seine eigenen, nicht minder starken. Aber der friedlichen Armee aller Arten von Leuten aus kommunistischen Ländern und denen, die sie hier unterstützen, hat der Westen keine adäquate Kraft entgegenzusetzen, er verfügt nicht einmal über wirkungsvolle Mittel der Selbstverteidigung.

Nehmen wir die Handels- und Kulturbeziehungen zwischen dem Westen und der Sowjetunion. Zweifellos eine nützliche Angelegenheit. Aber für wen und auf welche Weise? Wer tritt in solche Beziehungen ein? Auf der einen Seite Privatpersonen (Geschäftsleute, Künstler), auf der anderen Seite jedoch Vertreter der sowjetischen Macht, der sowjetischen Führungsschichten. Vom Standpunkt ihrer sozialen Position aus und ihrer Rolle in den eigenen Ländern sind diese Partner eindeutig nicht gleichgestellt. Aber niemand ist bisher darangegangen, die tiefgreifenden realen Folgen solcher Kontakte in ihrem Zusammenhang zu analysieren.

Es gibt unzählige Beispiele dafür, daß Persönlichkeiten aus dem kulturellen Leben des Westens mit ehemaligen Henkern der stalinistischen Zeit wie mit Kollegen verkehren (und manchmal sogar Küsse austauschen), ebenso mit sowjetischen Partei- und Staatsfunktionären, die das kulturelle Leben kontrollieren, mit Angehörigen des KGB, die als Wissenschaftler in den Westen kommen (wobei bekannt ist, wer diese Leute wirklich sind, und ich konnte selbst öfter Eingeständnisse dieser Art hören!), mit Personen, deren Beruf die Untergrabung der westlichen Gesellschaft, ihrer Moral und ihres Bewußtseins ist. Ich möchte nicht, daß meine Worte als Aufruf zum »kalten Krieg« ausgelegt werden. Ich möchte nur eines: daß die Menschen die Wahrheit über den Kommunismus wissen, daß sie über die reale Situation in der Welt Bescheid wissen und nicht nur über jene unbedeutenden Bruchstücke, auf die nicht einmal Erzstalinisten mehr reagieren.

Ich habe vorhin von Phänomenen kommunistischer Prägung in westlichen Ländern gesprochen. Das ist etwas sehr Wichtiges. Es ist kein Zufall, daß meine Bücher hier im Westen von vielen gerade auch für den Westen als aktuell empfunden werden. Viele Leute haben mir persönlich gesagt, daß das, was ich schildere, auch hier anzutreffen sei. Das ist nicht verwunderlich. Es geht nur darum, daß ich einen Unterschied mache zwischen sozialen Beziehungen kommunistischer Prägung, die in Gesellschaften verschiedenen Typs anzutreffen sind, und der eigentlichen kommunistischen Gesellschaft, in der derartige Beziehungen vorherrschend sind. Damit dies eintritt, das heißt, damit eine solche Gesellschaft entsteht, bedarf es ganz bestimmter Bedingungen. Sie sind allgemein bekannt: Liquidierung der privaten Produktionsmittel und, als unvermeidliche Folgeerscheinung, Liquidierung der bürgerlichen Freiheiten; Errichtung eines Einparteien- (oder genauer gesagt: Keinparteien-) Systems, Kontrolle aller Sphären des Lebens der Gesellschaft, Zwangsarbeit, Fixierung der Individuen an einen bestimmten Wohn- und Arbeitsort, Ausübung von Zwang auf das Individuum durch das Kollektiv usw. Daß es im Westen soziale Beziehungen und Verhaltensformen kommunistischer Prägung gibt, kann man mit bloßem Auge feststellen. Und zwar in all jenen Fällen, wo Menschenmassen in einer Wechselbeziehung zueinander stehen, in der Eigentumsverhältnisse, Konkurrenz und andere Phänomene des Kapitalismus nicht mehr oder abgeschwächt ins Spiel kommen. Im Westen sind jedoch die Beziehungen dieser Art in ein andersgeartetes System eingebettet und entfalten sich daher nicht in vollem Umfang wie in der UdSSR. Abgesehen allerdings von den westlichen kommunistischen Parteien, die Organisationen darstellen, die in ihrer inneren Struktur den sowjetischen Organisationen völlig entsprechen.

Aber trotz allem verfalle ich nicht in den düsteren Pessimismus, dessen man mich immer beschuldigt. Ich hatte Gelegenheit, in der Sowjetunion hinsichtlich Zukunftsperspektiven des Widerstandes einiges zu beobachten. Und einiges in der Richtung habe ich auch hier bemerkt. Eines ist sicher: Derzeit geht eine große Wende im Denken der Menschen vor sich. Und das nicht gerade zugunsten des Kommunismus. Das gilt besonders für die Jugend. Ich treffe hier ziemlich oft junge Leute. Ich kenne die Situation nicht in ihrer Gesamtheit. Aber das, was ich gesehen habe, gefällt mir. Ich bin davon überzeugt, daß die Jugend aktiven Widerstand gegenüber dem leisten wird, was der Welt droht. Ich glaube, daß ein solcher Widerstand auch im Interesse der Völker der Sowjetunion liegt. Ich möchte betonen, daß es hier nicht einfach um einen Widerstand gegen irgendwelche Handlungen der Machthaber geht, sondern um einen viel tiefgreifenderen Widerstand: um den Widerstand der Menschen als individuelle Persönlichkeiten gegen Auswirkungen ihrer kollektiven Tätigkeit, und zwar sowohl in den Ländern des Ostblocks als auch in denen des Westens. Also ist die Grenze zwischen »Ost« und »West« weniger eine geographische als eine gesellschaftliche. Die kommunistische Bewegung erlebt gegenwärtig eine tiefe Krise, und zwar eine Krise besonderer Art: jene ihres *Erfolgs*. Man hat an dieser Bewegung etwas Erschreckendes entdeckt, etwas, das selbst ihre militantesten Anhänger und Führer nicht haben wollten. Sie ist deren Kontrolle entglitten und weist keine inneren Begrenzungen auf, die sie bremsen. Sie jetzt in tolerierbare Schranken zu weisen ist nur noch mit der Anstrengung von Millionen Menschen verschiedenster gesellschaftlicher Positionen möglich – und nicht mit Hilfe von ein paar guten Seelen.

München, Januar 1979

Das Spiel mit der Geschichte

Artikel für ›Le Monde‹ vom 18. 5. 1980

Es ist schon längst eine Binsenwahrheit, daß die moderne Welt ein Ganzes bildet, daß sich alle bedeutenden Ereignisse, die in einem Teil dieser Welt geschehen, anderswo auswirken und daß man bei der Lösung aller ernsten Probleme diese Wechselwirkungen und die Interessen der einzelnen Elemente des Weltsystems berücksichtigen muß. Aber weise Ratschläge erteilen und sie befolgen ist zweierlei. In der Praxis verhalten sich die Menschen jedoch meist so, als ob es dieses Ganze gar nicht gäbe, und sie ignorieren, so scheint es, die doch offensichtlichen Folgen ihres Verhaltens, die nicht nur andere, sondern auch sie selbst betreffen. Der Grund dafür kann kaum im Verkennen der erwähnten Binsenwahrheit liegen. Das Verhalten der Menschen auf dem Schauplatz der Geschichte wird nicht davon bestimmt, wie gut sie diese Arena kennen, sondern davon, was sie auf diesem Schauplatz anzustellen beabsichtigen oder gezwungen sind. Wenn man also Überlegungen zur Frage der wechselseitigen Beziehungen zwischen Ländern, Blocks und Gesellschaftssystemen in der Welt im allgemeinen oder in Teilen von ihr (etwa in Europa) anstellt, ist es deshalb vernünftiger, dies nicht aus einer moralistischen Haltung heraus zu tun, sondern von einem un-

voreingenommenen, wissenschaftlichen Standpunkt aus
– nicht zu fragen: »Was ist nötig, damit es besser wird?«
(das heißt, damit die Schafe verschont und die Wölfe
satt werden), sondern: »Was geht vor sich, was wird
vor sich gehen?«, und zwar unabhängig von Dingen wie
den wohlgemeinten Absichten der einen (hauptsächlich
der Wölfe) und den bösen Ränken der anderen (hauptsächlich der Schafe).

Wenn ich der wissenschaftlichen Problemstellung den
Vorzug gebe, so neige ich deshalb keineswegs dazu, die
Rolle der wissenschaftlichen Erkenntnis jener Suppe, die
derzeit in der Welt gekocht wird, gegenüber dem Zube-
reitungsvorgang eben dieser Suppe zu überschätzen. Im
gegebenen Fall sehe ich die Rolle der Wissenschaft eher
darin, daß sie einigen wenigen Weisen (natürlich nur,
wenn sie überleben) nach Eintreten der düsteren Ereignisse, vor denen sie gewarnt haben, die Genugtuung
verschaffen wird, sagen zu können: »Was haben wir
euch gesagt!« Ich möchte mich aber doch auch wissenschaftlich ausdrücken. Allerdings nicht mit der Absicht,
die Zahl der erwähnten Weisen zu vermehren – ich werde keine Voraussagen machen. Und auch nicht mit der
Absicht, überflüssigerweise den Menschen die Nutzlosig-
keit ihrer Bemühungen vor Augen zu führen, denn damit kann man sie ohnehin von nichts abhalten. Jedoch
zumindest deshalb, weil in unserem Jahrhundert des
stürmischen Aufschwungs der Wissenschaft auch dann
die Probleme der Rolle wissenschaftlichen Verständnis-
ses auf wissenschaftliche Weise gelöst werden müssen,

wenn die Menschen von diesem wissenschaftlichen Verständnis der gegebenen Umstände nicht profitieren können.

Die Vorteile der wissenschaftlichen Betrachtungsweise sind unbestritten. Urteilen Sie selbst! In der Welt leiden beispielsweise Millionen Menschen unter den Aktivitäten anderer Menschen. Wenn man nicht auf einem wissenschaftlichen Standpunkt steht, muß man mit ihnen mitfühlen, sich entrüsten und sogar irgendwelche Aktionen zugunsten der Unglücklichen unternehmen. Nichts dergleichen ist jedoch erforderlich, wenn man das alles vom wissenschaftlichen Aspekt her betrachtet. In diesem Fall können Sie die in der Welt entstandene Situation als originelles Spiel betrachten, das heißt im Sinne einer der zukünftigen Richtungen der Wissenschaft. Und dabei werden Sie sich um einen Kopf größer fühlen als die übrigen Menschen. Das Erstaunlichste daran – Sie werden leider recht haben.

Natürlich ist nicht alles, was in der Welt vor sich geht, Spiel. Und es wird nicht immer gespielt. Nicht alle Beziehungen zwischen Menschen und Ländern gehören dieser Kategorie an. Aber daß Aspekte des Spiels in allem Geschehen vorhanden sind, ist eine unzweifelhafte Tatsache. Und seine Rolle ist groß. Jedenfalls geben derzeit die Beziehungen zwischen den Ländern des prosowjetischen Blocks (des »Ostens«) und den Ländern des Westens ein klassisches Beispiel für ein Spiel im doppelten Sinn ab: einerseits als großangelegtes Schauspiel (Politiker aller Art gebärden sich wie Schauspieler auf einer Bühne, und das dramatische Element in den politischen Aktionen wird immer dominierender) und andererseits als Versuch, den jeweiligen Partner zu überlisten.

Was ist die Voraussetzung für eine Spielsituation? Eine gewisse Autonomie der Gegner, die Möglichkeit willkürlicher Handlungen, eine relative Handlungsfreiheit, die Möglichkeit der Revanche für Handlungen der Gegner, intellektuelles Kalkül, das Bestreben, die Gegner zu überspielen, und gewisse Regeln, in deren Rahmen der Austausch der Aktionen abläuft. Diese Voraussetzungen sind auch in den Beziehungen zwischen Ländern und Systemen gegeben und werden in der Praxis durch deren Verhalten realisiert. Es ist hier nicht der Platz, aufzuzeigen, von wo die Initiative zur Schaffung einer solchen Spielsituation ausgeht und wem die aktive Rolle zukommt. Aber die Tatsache, daß die Länder des sowjetischen Blocks ihrem sozialen Wesen nach zu Spielen von internationaler Größenordnung neigen, wobei sie ihre westlichen Partner zu einer analogen Verhaltensweise zwingen (kein Spiel ohne Partner), ist heute offenkundig. Eine einheitliche, konstante und von sich überzeugte (stabile) Regierung hat hier die Möglichkeit, über ein ganzes Land wie über einen folgsamen Körper zu verfügen. Ein gewaltiger Beamtenapparat funktioniert in allen Situationen nach einem bis ins Detail ausgearbeiteten Verhaltensmuster, sowohl in inneren als auch in äußeren Angelegenheiten des Landes. Die Führung hat das ganze Land zur Bühne ihrer Herrscherideen gemacht und ist bemüht, diese auf die ganze Welt auszuweiten. Viele ihrer Aktivitäten sind von den Interessen des Spiels als solchem (im Sinne eines Schauspiels) diktiert. Insbesondere sind die fortwährenden Begegnungen, Besuche, Verhandlungen, Reden weniger für die Lösung irgendwelcher Probleme notwendig als für die Beteiligten selbst: als Zeitvertreib, als Lebensstil, als Mittel zur Selbstbestätigung, für die Karriere, den Ehrgeiz und die Zerstreuung. Solche Schau-Spiele werden um ihrer selbst willen abgehalten und dienen nur gelegentlich und teilweise dazu, irgendein anderes Ziel zu erreichen.

Aber dieser theatralische Aspekt ist dennoch nur ein zweitrangiges Phänomen im Vergleich zum Spiel im zweiten Sinn des Wortes, von dem im weiteren ausschließlich die Rede sein soll. Ich möchte von diesem Gesichtspunkt her auf einige wichtige Besonderheiten des derzeit in der Welt ablaufenden Spiels aufmerksam machen. Obwohl sich nach dem Gesetz kommunizierender Gesellschaftssysteme die Partner in diesem Spiel um eine Angleichung bemühen, bleiben sie dennoch ungleich. Für die eine Seite bedeutet die Anpassung etwas rein Äußerliches, das die Fundamente der Sozialstruktur des Landes nicht berührt, für die andere Seite aber bedeutet sie eine tiefgreifende Änderung, die die Fundamente des ganzen Gesellschaftssystems untergräbt. Die Spielregeln lassen sich in zwei Gruppen einteilen: in die formellen (offenen, offiziell anerkannten) und in die informellen (verborgenen, offiziell verleugneten). Die ersteren gelten für beide Partner. Die letzteren können je nach Partnern verschieden aussehen. Im gegenwärtig ablaufenden Spiel neigen die einen Teilnehmer dazu, nach den ersten Regeln zu spielen, die anderen jedoch nach den zweiten. Während letztere den Anschein erwecken, als respektierten sie die offenen, offiziellen Regeln, führen sie das Spiel hauptsächlich nach ihren geheimen Regeln (Spionage, fünfte Kolonne, Erpressung, Falschinformation, Bluff usw.). Es ist ein eigenartiges Spiel. Es wird von Betrügern geführt, jedoch nach formellen Regeln, die es verbieten, diese Betrüger zu entlarven und ihnen Kerzenleuchter ins Gesicht zu werfen. Für die eine Seite ist schon der Entschluß zur Teilnahme am Spiel gleichbedeutend mit Verlieren, denn bei Spielen solcher Art liegen alle Vorteile bei den Gaunern. Für sie würde lediglich eine Weigerung teilzunehmen (also der Austritt aus der Spielsituation oder deren Auflösung) eine gewisse Chance bedeuten, wenigstens beim Status quo zu bleiben. Dieses Spiel, bei dem es sich im Grunde um Erpressung und Raub handelt, kann nur in einem »ehrenhaften« Duell einen Gewinner hervorbringen. Und derjenige, der beraubt wird, ist gerne bereit, die Rolle des »ehrenhaften« Verlierers zu spielen, um eine Würde zu bewahren, nach der längst niemand mehr fragt.

Lassen sich die Teilnehmer des Spiels von wissenschaftlicher Voraussicht leiten? Eine Bejahung dieser Frage scheint selbstverständlich. Sollten die großen Mächte sich etwa nicht den hohen Stand der Wissenschaft mit ihren zahlreichen Gelehrten zunutze machen und auf die Wissenschaft verzichten? Und doch ist es tatsächlich so. Das, was sich wissenschaftlich genau vorhersagen läßt, ist meist banal und unwichtig. Aber das, was nicht banal und wirklich wichtig wäre, kann man in den meisten Fällen wissenschaftlich nicht genau vorhersehen, und zwar wegen des komplexen und fluktuierenden Charakters des sozialen Lebens und wegen des Auftretens von Tendenzen, die einander ausschließen oder gegenseitig modifizieren können, ähnlich der Unschärferelation in der Physik. Mit wissenschaftlicher Genauigkeit kann nur das Notwendige vorausgesehen werden, während sich die Aktivität der Menschen vor allem auf das Mögliche ausrichtet. Die Voraussage des Möglichen kann nun aber nur ein gewisses Maß an Wahrscheinlichkeit erreichen, was für sich wiederholende Ereignisse ausreichend ist, sich jedoch nicht immer für den individuellen, unwiederholbaren Verlauf der Geschichte eignet. Die Wahrscheinlichkeit möglicherweise eintretender Ereignisse ist in solchen Fällen schwer zu ermitteln. Außerdem sind die vorhandenen Kriterien nicht zuverlässig genug. Die Wissenschaft selbst ist ein soziales Phänomen und keine reine Wahrheit. In der Wissenschaft wird nicht seltener gelogen als anderswo. Nicht zu vergessen ist auch der gewaltige Apparat der Wissenschaft und der Macht, der Mangel an Zeit, die Flucht vor der Verantwortung und vor dem Risiko, das Bestreben, sofort zu profitieren, ohne an morgen zu denken. Hier wird das bekannte Paradoxon wissenschaftlicher

Voraussage in der Praxis deutlich: Wenn man genau voraussehen könnte, was geschehen wird, so könnte man Maßnahmen ergreifen, um es zu verhindern, und würde eben dadurch eine genaue Vorhersage unmöglich machen.

Natürlich bemühen sich auch im sozialen Gesellschaftsspiel die Partner, etwas vom Verhalten des anderen zu erkennen und vorauszusehen. Aber das ist keine Voraussicht der Wissenschaft, sondern eine des Spiels. Es ist jedoch eine Pseudovoraussicht, denn sie entbehrt des Charakters der Echtheit. Die Partner handeln so, wie es für sie am vorteilhaftesten zu sein scheint. Und der Erfolg oder Mißerfolg dieser Handlungen schafft die Illusion der Bestätigung oder Widerlegung der entsprechenden Beschlüsse, als handle es sich um Urteile einer wissenschaftlichen Erkenntnis. Natürlich erhalten auch in einem sozialen Spiel die Partner Informationen und berücksichtigen diese. Aber die Kraft, die vom intellektuellen Standpunkt her das Spielverhalten bestimmt, ist eine besondere Form des gesellschaftlichen Bewußtseins – die *Norm*. Das ist besonders deutlich am Beispiel der Sowjetunion zu sehen. Bei den westlichen Ländern weniger, weil hier noch die traditionellen Verhaltensformen wirksam sind. Die Norm ist kein politisches Phänomen, obwohl sie auch politische Elemente in sich einschließen kann.

Über den Dogmatismus, die Härte und Starrheit der sowjetischen Politik ist schon viel gesagt worden. Dabei ist jedoch immer das Wesentliche daran außer acht gelassen worden, nämlich die all dem zugrundeliegende *Norm*. Sie ist keineswegs eine Manifestation der Dummheit oder eine Folge des Einflusses einer unsinnigen Ideologie. Sie ist, wie die Geschichte zeigt, die natürliche und sehr wirksame Verhaltensweise der kommunistischen Gesellschaft in der Verkörperung ihrer Führung. Hier einige Eigenschaften dieses bis jetzt erst wenig erforschten sozialen Phänomens: Die Norm ist zunächst die Kompensation dafür, daß es nicht möglich ist, die Ereignisse des Lebens einer Gesellschaft in wichtigen Fällen genau vorauszusehen. Ferner ist sie dem riesigen Apparat der Führung und der Position ihrer Träger in der Gesellschaft völlig adäquat – sie ist für letztere sogar in höchstem Maße bequem. Wenn sie sich einmal konstituiert hat, wirkt sie *a priori* auf die reellen oder angenommenen Ereignisse. Ein System, das nach einer Norm dieser Art handelt, verhält sich so, als ob es von vornherein wüßte, was alles geschehen könnte, und so, als ob alles nach der von ihm gesetzten Norm ablaufe. Eine solche Norm ist stabil und permanent vorhanden. Sie ist praktisch unveränderlich. Wenn es den Anschein hat, als berücksichtigten die Machthaber veränderte Umstände und änderten die Norm, so suchen sie in Wirklichkeit nur einen Weg, die unveränderliche Norm auch unter den neuen Umständen durchzusetzen. Die Norm wird strikt und fest angewandt, und das in kleinen wie in großen Angelegenheiten. Man kann mit einer solchen Norm selbst mit verbundenen Augen spielen und dabei seines Erfolges sicher sein. Deshalb erscheinen manche Beschlüsse der Regierung als völlig sinnlos, wenn man sie nur für sich betrachtet, jedoch als völlig vernünftig, wenn man sie vom Gesichtspunkt der Regeln des »Blinde-Kuh-Spiels« sieht. Daher ist auch die Ansicht naiv, es genüge, auf die sowjetische Führung Druck auszuüben, um sie zu »bessern«. Dabei ist die sowjetische Führung selbst völlig machtlos gegenüber der Norm, die sie lediglich verkörpert und bewahrt. In die sowjetische Führung werden nur Leute gewählt, die unfähig sind, die Norm zu ändern, und auch kein Interesse daran haben. Sie können sich nur in der Führung halten, wenn sie der *Norm* dienen. Sie sind ihre Sklaven.

Die Norm, von der ich spreche, ist eine Sammlung von Verhaltensprinzipien der Personen, die die Interessen des *Staates* (des *Landes*) in allen möglichen Situationen vertreten. Ein Teil dieser Prinzipien wird in Phrasen formuliert, deren Verständnis eine spezielle Vorbereitung erfordert. Ein anderer Teil wieder existiert in Form von Geheiminstruktionen. Und ein Teil bleibt überhaupt unformuliert. Aber die Personen, die die *Norm* verkörpern, lernen sie bei ihrer praktischen Tätigkeit kennen oder entdecken sie für sich selbst als etwas ganz Natürliches. Zum Teil dringen diese Prinzipien überhaupt nicht ins Bewußtsein ein. Und würde man offen sagen, daß diese bestimmte Gesellschaft sich von diesen Prinzipien leiten läßt, so würden ihre offiziellen Repräsentanten deren Existenz kategorisch abstreiten. Folgende Prinzipien der Norm sind etwa in der Praxis wirksam: sich in alle möglichen Richtungen ausbreiten; in alle Sphären, alle möglichen Organisationen, Länder, Teile der Welt eindringen; überall Kontaktpersonen unterhalten; Verschleierungs- und Verwirrungstaktik betreiben; Hetzkampagnen organisieren; schmutzige Geschäfte von fremder Hand ausführen lassen; Überlegenheit anstreben; einschüchtern; erpressen; versprechen; lügen; Vereinbarungen treffen und sich dann nicht daran halten; alle in das Spiel einbeziehen; mit allen Mitteln die »fünfte Kolonne« verstärken; Entdeckungen und Erfindungen stehlen; großangelegte Staatsspektakel zum Zweck der Täuschung und Irreführung veranstalten. Kurz, hier kommen alle Mittel zum Einsatz, die die Geschichte je erfunden im Kampf – nicht auf Leben, sondern auf Tod. Die Norm verlangt zudem, bei der Anwendung dieser Prinzipien pedantisch und geduldig zu sein. Eine sehr große Anzahl Menschen verwirklicht diese Prinzipien, wobei sie über die ganze Macht eines Staates verfügt. Für diese Menschen erwachsen daraus keinerlei persönlicher Probleme, denn jeder lebt für sich genommen ein ganz gewöhnliches Leben und erfüllt gewöhnliche Funktionen. Die besagten Prinzipien werden wie ein gewöhnliches Produkt ihrer normalen Tätigkeit im Alltag angewandt.

Die Vorteile einer derart genormten Verhaltensweise in der Spielsituation zeigen sich auch in der Tatsache, daß das System selbst die ihm aufgezwungenen Handlungen in der Folge zu seinem Vorteil zu nutzen weiß. Ein klassisches Beispiel dafür ist die Emigration der

Juden und der Dissidenten aus der Sowjetunion. Zu Beginn des Spiels noch ein erzwungenes Zugeständnis, begann sie später dann dem System als Mittel zur Lösung einer Reihe von Problemen zu dienen und bekam den Anschein einer geplanten Aktion. Auch dieser Anschein ist kein Zufall. Bei allen Aktionen dieser Art wird nachträglich eine Umdeutung im Sinne der Norm vorgenommen, und es wird ihnen gleichzeitig volle Übereinstimmung mit dem Plan und den vorausgesehenen Folgen attestiert. In diesem Sinne wurde auch das allergrößte Ereignis in der Existenz dieses Systems umgedeutet, das Ereignis seiner eigenen Entstehung. Alle ernsten Handlungen des Systems nehmen die Gestalt eines grandiosen diabolischen Kalküls an, selbst wenn sie keine Spur von Intelligenz enthalten und für das System selbst völlig unerwartet sind. Mißerfolge und unangenehme Überraschungen werden im nachhinein in wohlüberlegte Schritte zu irgendeinem Sieg hin umgedeutet, auch wenn dieser damit nichts zu tun hat.

Und wenn schon die Rede davon ist, daß die Wissenschaft bei der Lösung der Probleme, die aus den Wechselbeziehungen zwischen den Ländern und Blöcken der modernen Welt entstehen, von irgendeinem Nutzen sein könnte, so sollte dieser sich in erster Linie so äußern, daß diese Art von Normen aufgedeckt werden, daß man in die Lage versetzt wird, die »Psychologie« ihrer Träger zu verstehen, das heißt, das Wesen des betreffenden Gesellschaftstyps zu verstehen, der am Weltspiel teilnimmt. Zu begreifen, mit wem man es in diesem

Spiel zu tun hat, und sich bezüglich der Partner keine Illusionen zu machen – das ist an sich schon einiges wert. Zumindest wird man wissen, daß man nicht so sehr das Opfer seiner eigenen Dummheit als vielmehr der bornierten Hartnäckigkeit und Konsequenz einer unmenschlichen *Norm* ist, die von noch größeren Dummköpfen, als wir selbst es sind, in die Tat umgesetzt wird.

München, 11. Februar 1979

Warum die Dissidentenbewegung kein positives Programm hat

Beitrag für die Deutsche Welle

Oft bekommt man die Frage zu hören: Warum haben eigentlich die sowjetischen Dissidenten, im Unterschied zu den Dissidenten der anderen osteuropäischen Länder, kein positives Programm zur Umgestaltung der Gesellschaft? In bezug auf die Dissidenten der osteuropäischen Länder scheint mir die Antwort äußerst einfach: In diesen Ländern etablierte sich das kommunistische System nicht aufgrund einer inneren Evolution, sondern es ist ihnen von außen aufgezwungen worden. Diese Länder sind dem Westen nicht nur geographisch näher, sondern auch in ihrer Lebensweise und Kultur und in der Psychologie ihrer Gesellschaft. Sie hegen noch gewisse Hoffnungen, in den Schoß der westlichen Zivilisation zurückzukehren. Das Ziel ihrer positiven Projekte für eine Veränderung der Gesellschaft ist es, wenn schon nicht ihre Länder dem Westen anzugliedern, so doch zumindest zu versuchen, sie auf halbem Weg anzuhalten und nicht ganz in den Sumpf absinken zu lassen, in dem sich die Sowjetunion befindet. Komplizierter ist diese Frage in bezug auf die sowjetischen Dissidenten.

Die Dissidentenbewegung in der Sowjetunion ist nach sozialer Zusammensetzung, Motivation und Ziel-

134

setzung, nach Verhalten und Schicksal ihrer Beteiligten völlig heterogen. Diese haben aber folgendes gemeinsam: 1. den Protest gegen Phänomene des Lebens, die ihnen in bezug auf sie selbst oder auf andere ungerecht erscheinen; 2. den offenen Protest im Zusammenhang mit ihrem Verhältnis zu den Machthabern und zu ihrer unmittelbaren Umgebung; 3. das Streben nach breiter Publizität, sowohl im Inland als auch im Ausland; 4. die persönlichen Beziehungen untereinander als Vorformen einer Vereinigung und Organisation; 5. den Willen, im gesetzlichen Rahmen zu bleiben; die Tendenz zur Illegalität ist derzeit noch schwach und hat zudem vorwiegend das durchaus legale Ziel, Informationen zu sammeln und bekanntzumachen; 6. die Verfolgung von seiten der Machthaber. Vorläufig ist das Wesentliche an der Dissidentenbewegung die Tatsache ihrer Existenz an sich, ihre Dauerhaftigkeit und ihr Fortbestand trotz systematischer Verfolgung und trotz Pogromen, ferner die Sympathie, die sie in breiteren Bevölkerungskreisen genießt, und die Tatsache, daß sie (vor allem der Jugend) ein Modell oppositionellen Verhaltens anbietet. Die Existenzbedingungen der Dissidentenbewegung haben sie dazu veranlaßt, eine Anzahl allgemeiner Slogans zu erarbeiten, für die die Bezeichnung »Programm« allerdings übertrieben wäre. Der Kern dieser Slogans besteht aus folgenden Forderungen: Die Machthaber sollen den Buchstaben des Gesetzes respektieren, die Pflichten erfüllen, die sie auf sich genommen haben, und die Verfolgung Andersdenkender sowie derer, die die deklarierten bürgerlichen Freiheiten auch wirklich beanspruchen wollen, einstellen. Wenn man hier das Wort »Programm« in einem informellen Sinn gebrauchen will, so muß man jedenfalls von einem negativen Programm reden. Ein positives Programm (ein Programm im eigentlichen, engeren Sinn des Wortes), etwa zur Umformung der sowjetischen Gesellschaft, bei der die Wünsche und Losungen der Dissidenten Realität würden, besitzt die Dissidentenbewegung nicht.

Ich muß allerdings gleich zu Beginn festhalten, daß es in der Sowjetunion nicht wenig Leute gibt, die irgendwelche Pläne für gesellschaftliche Reformen anzubieten hätten. Diese Leute sind (oder waren es zumindest noch vor einigen Jahren) in den der Parteiführung nahestehenden Kreisen anzutreffen, aber auch unter den Dissidenten. Manche von ihnen sind der Ansicht, daß man das Land den Bauern zur Verfügung stellen oder sogar als Eigentum überlassen müßte, in den Betrieben die Selbstverwaltung einführen und überhaupt zum Februar 17 zurückkehren müßte. Nach Gerüchten gibt es sogar Anhänger einer Rückkehr zur Monarchie. Aber ich persönlich habe keine solchen Sonderlinge getroffen, nicht einmal unter denen, die Rußland mittels einer Wiederbelebung des orthodoxen Glaubens reformieren wollen. Doch sind das alles private Vorschläge und nicht Programme, für deren Ausführung sich die eine oder andere gesellschaftliche Bewegung, eine Gruppe Gleichgesinnter oder eine Organisation auch wirklich einsetzt.

Dieses Fehlen eines positiven Programmes in der derzeitigen Dissidentenbewegung kann nicht zufällig oder vorübergehend sein. Es spiegelt objektiv die Situation im Land wider, aber auch die Eigenschaften seines Gesellschaftssystems und des Menschenmaterials, das von diesem hervorgebracht wird und es zugleich erhält, also des realen Trägers dieses Systems. Die objektiven Gesetze dieses Systems und die Eigenschaften seines Trägers sind so beschaffen, daß selbst der mächtige staatliche Parteiapparat des Landes nicht imstande ist, deren Starrheit zu überwinden. Wie schön waren beispielsweise die Beschlüsse, die gefaßt wurden, um einen Aufschwung der Landwirtschaft zu erreichen, eine Erhöhung der Arbeitsproduktivität, eine Verbesserung der Produktionsqualität, einen Abbau des Alkoholismus, eine Stärkung der Arbeitsdisziplin, die Unterbindung der Korruption! Und man soll nicht meinen, daß diese Beschlüsse Heuchelei wären. Wie umfangreich waren doch die Maßnahmen, die zu deren Realisierung getroffen wurden! Und was geschah? Die Ergebnisse sind allgemein bekannt. Eine Gesellschaft ist keine Kompanie von Soldaten. Man kann sie nicht in Reih und Glied stellen und ihr kommandieren, wohin sie zu marschieren hat. Das heißt, kommandieren kann man, aber sie wird kaum parieren. Das Leben einer Gesellschaft ist nicht ein zeitlich begrenzter Akt. Das ist das Leben von Millionen Menschen, die in einer Reihe von Generationen Milliarden verschiedenartiger Handlungen ausführen. Und der entscheidende Teil dieser Handlungen folgt Gesetzmäßigkeiten, die keinerlei Kontrolle durch den

Staats- und Parteiapparat unterliegen – und noch weniger durch das unbedeutende Häuflein Andersdenkender, die man Dissidenten nennt.

Ich möchte unterstreichen, daß die Situation der Bevölkerung vor allem von dem in ihrem Land etablierten System sozialer Beziehungen und von den sozialen Eigenschaften seines Trägers abhängt (das ist der größte Teil einer Bevölkerungsmasse von vielen Millionen Menschen), und nicht von den bösen Ränken der Machthaber. Die Macht ist hier ein notwendiges Element des Systems und ist diesem völlig adäquat. Nicht einmal die Staatsmacht selbst kann, wenn sie möchte, aus dem Rahmen des Systems und seines Trägers heraustreten; sie ist dazu verurteilt, lediglich winzige Reformationen durchzuführen, die nur sehr entfernt an einen sozialen Fortschritt erinnern. Die im Land herrschende Lebensform ist nicht nur (und nicht so sehr) das Ergebnis von Zwang, Angst und Betrug. Sie ist zu einem weit größeren Teil das Ergebnis der Aktivitäten der gesamten Bevölkerung. Daß diese Situation den meisten Menschen paßt, die am Machtsystem teilhaben und eine privilegierte Position in der Gesellschaft einnehmen, ist ein anderes Problem. Aber diese Situation ist nicht das Ergebnis ihrer bösen Absichten, sondern eine Folge der außer ihrem Wirkungsbereich liegenden sozialen Gesetze.

Auf einer allgemeinen Ebene lassen sich immer schöne Überlegungen anstellen über eine Umformung der Gesellschaft und über Möglichkeiten, diese zu verwirklichen. Aber es gibt eine Realität, die jeder Mensch mit gesundem Menschenverstand berücksichtigen muß, wenn er beabsichtigt, sie zu verbessern. Völlig realistisch und vernünftig erscheinen beispielsweise die Forderungen, die Rüstungsausgaben zu kürzen, das Budget für Landwirtschaft und Leichtindustrie zu vergrößern, den Wohnungsbau zu unterstützen, das Paßsystem zu liberalisieren, das Land wieder den Bauern zur Nutznießung zu überlassen und in Fabriken und Betrieben die Selbstverwaltung der Arbeiter einzuführen. Aber versuchen Sie doch einmal, solche Reformen zu verwirklichen, und schlagen Sie sowas der Bevölkerung vor! Selbst angenommen, Sie werden deswegen nicht gleich von den Behörden verfolgt, so werden Sie kaum auch nur zehn Basiskollektive im Land finden, die solche Vorschläge akzeptieren. Auch wenn es um Fragen der Verbesserung der Lebensbedingungen geht, werden die Werktätigen auf seiten der Machthaber stehen, denn sie begreifen, daß der Lebensstandard nicht von Verordnungen und Programmen abhängig ist, sondern von der sozialen Struktur des Landes, und vor allem von der Organisation und Produktivität der Arbeit. Oder angenommen, es wird beschlossen, die Reisen ins Ausland und die Emigration zu erleichtern, zumindest soweit, daß man alle formellen Beschränkungen aufhebt. Dieser Beschluß muß nun aber in die Praxis umgesetzt werden. Und das bedeutet wieder Protektion, Beziehungen, Bestechungen, Beamtenwillkür, Amtsschimmel. Dazu kommt das Problem mit den Devisen. Und wohin soll man emigrieren? Nicht jedes Land nimmt sowjetische Emigranten mit offenen Armen auf. Die Situation würde sich vielleicht ändern, aber keineswegs so radikal und auch nicht in einer Richtung, wie es sich die Dissidenten wünschen. Von Verbesserungen profitieren in erster Linie die Angehörigen der privilegierten Schichten und die Gauner, und diesen geht es auch ohne Verbesserungen gar nicht so schlecht. Man kann auch das Beispiel der Wahlen in den Obersten Sowjet nehmen. In der Sowjetunion weiß jedes Kind, daß auch zehn Kandidaten pro Sitz an der realen Machtstruktur des Landes nichts ändern würden, denn alle Wahlen sind hier fiktiv. Daher ist auch die kürzlich von einigen sowjetischen Dissidenten bekundete Absicht, sich mit einem Kandidaten an den Wahlen zu beteiligen, selbst in Dissidentenkreisen eher mit Erheiterung aufgenommen worden.

Anders gesagt, alle positiven Reformvorschläge, die von den Dissidenten gemacht werden könnten, würden entweder von der Bevölkerung selbst nicht akzeptiert oder nicht von den richtigen Leuten oder nicht in der Form, wie es erwünscht wäre, oder sie würden den Vorstellungen des staatlichen Parteiapparates völlig entsprechen. Und dieser wird gewiß nie und niemandem die Initiative zu einer Reformtätigkeit überlassen.

Hier vielleicht noch ein Beispiel, das den Kern der Sache beleuchtet. Könnte man die Justiz- und Straforgane in der Sowjetunion so reorganisieren, daß Menschen ihrer Überzeugung wegen nicht mehr verfolgt werden? Auch hier wieder ist jedem Sowjetbürger wohlbekannt, daß die Art der Tätigkeit der genannten Organe nicht von ihrer inneren Organisation und ihrem formalen Status abhängt, sondern von der allgemeinen Situation im Lande und von den Anweisungen der staatlichen Führungsorgane. Und es gibt nur ein Mittel zur »Reorganisation« dieser Organe, das in den Händen der Bevölkerung liegt: die Fähigkeit, sich irgendwie diesem System zu widersetzen; dazu gehört auch, Fälle von Repression bekanntzumachen, auf mehr oder weniger breiter Basis den Protest zu organisieren und sich vor Gericht in der Haft ruhig und standhaft zu verhalten. Dieses Beispiel ist typisch. Die sowjetische Gesellschaft ist so beschaffen, daß die einzigen wirksamen Mittel zu positiven Umformungen, die von unten herkommen (und nicht von der Regierung her), eigentlich rein negativen Charakters sind, nämlich Widerstand in dieser oder jener Form gegen das Regime.

Für die Dissidenten stellt sich die Frage des Sturzes des herrschenden Gesellschaftssystems nicht. Wer mit der Realität der sowjetischen Gesellschaft ausreichend vertraut ist, weiß, daß es unmöglich ist, die Strukturen dieses Systems durch innere Kräfte aufzulösen. Solche Kräfte sind einfach nicht da; hingegen sind die Möglichkeiten der Bewahrer des Systems unbegrenzt, wenn es darum geht, Versuche zur Rebellion zu ersticken. Und was bedeutet das eigentlich, das etablierte soziale (kommunistische oder sozialistische) System zu stürzen? Wiedereinführung der Privatinitiative und des Privateigentums an Grund und Boden, Fabriken und Betrieben? Darauf geht die Bevölkerung eines solchen Landes nicht ein; denn von diesem Gesichtspunkt her ist das herrschende System für sie völlig zufriedenstellend. Und die Tatsache, daß in diesem Lande alle schwerwiegenden Mängel des derzeitigen Lebens und der jüngeren Vergangenheit eben durch dieses System bedingt sind, interessiert nur Denker und nicht Menschen, die im praktischen Leben verankert sind. Alle gesellschaftlichen Zwischenformen zwischen dem kommunistischen und dem westlichen System sind nur für eine bestimmte Zeit im lokalen Bereich oder überhaupt nur zum Schein denkbar; sie können keineswegs das ganze Gesellschaftssystem über längere Zeit ernsthaft beeinflussen.

Jedes ernsthafte Programm einer politischen Bewegung muß die realen Forderungen der verschiedenen Bevölkerungsgruppen berücksichtigen sowie die Möglichkeiten, sie in dieser Richtung zu einigen. In der Sowjetunion gibt es eine gewaltige Anzahl von Unzufriedenen in den verschiedensten Bevölkerungsschichten. Es ist schwerer, einen Zufriedenen zu finden als einen Unzufriedenen. Daraus kann jemand den Schluß ziehen, daß dieses System auf schwachen Füßen stehe und bald zusammenstürze. Aber die Gesellschaft stürzt nicht zusammen, das herrschende soziale Regime zeigt keine Anzeichen von Schwäche. Was ist also los? Versuchen Sie doch einmal, die Bevölkerung in Zufriedene und Unzufriedene einzuteilen. Nichts wird dabei herauskommen, denn die Gesellschaft teilt sich natürlich anders auf. Und die Unzufriedenheit nimmt so verschiedene Formen an, daß eine Vereinigung der Unzufriedenen nicht möglich ist. Die Gesellschaft zerfällt in eine Vielzahl von funktionellen und sozialen Zellen (Kollektiven). Der Großteil von ihnen ist zuverlässig in bezug auf Intaktheit und Stabilität, aber auch in bezug auf Lenkbarkeit. Unzufriedene, die zu Dissidenten werden, sind in diesen Zellen eine seltsame Ausnahme und spielen dort keine aktive Rolle. Sobald sie Dissidenten werden, werfen ihre Mitarbeiter sie aus dem Kollektiv. Sie werden zu Sektierern, die über keine legalen Existenzmöglichkeiten verfügen oder über die Möglichkeit, selbst unabhängige und lebensfähige Zellen zu bilden. Wenn sie sich zusammenschließen, wird ihre Vereinigung als illegal angesehen und verfolgt. Wenn sie sich auch der Sympathie gewisser Bevölkerungskreise erfreuen, so verkörpern die Dissidenten doch nicht die allgemeinen Interessen einer bestimmten sozialen Bevölkerungsgruppe (der Arbeiter, Bauern, Lehrer, Wissenschaftler, Armeeangehörigen oder anderer). Sie bringen den Protest gegen die allgemeine Situation in der Gesellschaft zum Ausdruck und sprechen damit die verschiedensten Gruppen an. Für das persönliche Schicksal dieser Menschen – der Menschen, nicht der Vertreter der einen oder anderen Gesellschaftsgruppe – setzen sich die aktiven Dissidenten ein. Wenn die Dissidenten beispielsweise die Aufmerksamkeit auf das Schicksal eines Arbeiters lenken, so bedeutet das nicht, daß sie die Interessenvertreter der Arbeiterklassen sind.

Jede Gesellschaft findet die ihr gemäßen Formen, Unzufriedenheit zu summieren und zum Ausdruck zu bringen. Die sowjetische Gesellschaft hat mindestens eine für sie spezifische Form gefunden: die Dissidentenbewegung. Diese hat ihre Entstehung einer Verknüpfung von historischen Umständen zu verdanken. Aber da sie nun einmal da ist, hat sie sich als dauerhafter und bedeutender Faktor des sowjetischen Lebens erwiesen. Die Dissidenten haben über den Weg der Erfahrung zu ihrer adäquatesten ideologischen Gestalt gefunden – das schlechte Gewissen der sowjetischen Gesellschaft zu sein und dabei keine utopischen Programme zu propagieren.

Die Dissidenz ist nicht die einzige mögliche Form eines Widerstandes gegen das Regime in der Sowjetunion. Es ist nicht ausgeschlossen, daß auch Terror und geheime Terrororganisationen entstehen. Aber sicher nicht als Teil der Dissidentenbewegung, obwohl die Machthaber versuchen werden, sie zu kompromittieren, indem sie ihr terroristische Absichten und Aktivitäten zuschreiben. Die Dissidentenbewegung ist im großen und ganzen eine Bewegung, die innerhalb des Rahmens der formalen sowjetischen Gesetzgebung und Legalität bleibt, obwohl die Machthaber versuchen, sie als illegal hinzustellen und bei deren Verfolgung gegen ihre eigenen Gesetze verstoßen. Und nur schon aufgrund dieser Situation schließt die Bewegung die Ausarbeitung eines positiven Reformprogramms aus; ebenso die Einsicht, daß sie grundsätzlich nicht imstande ist, ein solches Programm auszuarbeiten. Ich meine, und das möchte ich betonen, nicht einen künstlerischen Entwurf, sondern ein echtes Programm, das breitere Bevölkerungsschichten mitzureißen vermag. Aber man sagt doch, wo Unglück ist, ist auch Glück, und das sowjetische Volk hat von allen möglichen Programmen ohnehin längst die Nase voll.

München, 24. Februar 1979

Moskau – Musterstadt des Kommunismus

Moskau... Was soll man darüber sagen? Manchmal möchte man nur abwinken, weil man meint: Nicht der Rede wert. Dann wieder ist es umgekehrt, man möchte lange und mit Engagement darüber reden: Die Menschen aus dem Westen sollten das richtige Moskau kennenlernen, nicht das touristische, repräsentative, propagandistische Moskau. Nicht aus Neugier und Bildungsdrang, sondern um des menschlichen Lebens willen, denn Moskau ist nicht das Heil, sondern eine tückische Gefahr.

Um ein recht genaues und vollständiges Bild von Moskau zu geben, muß man vor allem über die reale kommunistische Lebensweise sprechen, die in dieser Stadt klassische, perfekt entwickelte Formen angenommen hat. Sonst kann man nichts einigermaßen objektiv und richtig verstehen, denn in Moskau gibt es einfach nichts anderes als diese Lebensweise. Da sind sogar die Prostituierten (von denen es nicht weniger gibt als in Paris), die Drogensüchtigen (auch das gibt es), die Gauner, die Rowdys und die Trinker, Träger und Führer des realen (nicht des mythischen, Marxschen) Kommunismus. Nicht zu sprechen vom äußeren Gesicht der Stadt: Behörden, Architekten, Künstler und andere Bürger sind unablässig bemüht, Moskau in eine Musterstadt des Kommunismus zu verwandeln.

Aber es ist unmöglich, in einem kurzen Essay zu sagen, was der Kommunismus als realer Gesellschaftstyp ist. Daher beschränke ich mich hier darauf, aus diesem Blickwinkel heraus eine psychologische Skizze von Moskau zu geben.

Früher hielt man Moskau für ein großes Dorf. Heute wäre eine solche Vorstellung ein großer Irrtum. Heute ist Moskau kein Dorf mehr, auch kein großes, sondern ein Superdorf. Und dabei geht es nicht darum, daß sich die Zahl der Einwohner und Häuser vervielfacht hat, sondern es geht um eine qualitative Veränderung sozialer Natur. Der Sprung in der Qualität besteht allerdings nicht darin, daß sich ein großes Dorf endlich in eine Stadt verwandelt hat, denn ein Dorf bleibt unter allen Umständen ein Dorf, wie groß es auch werden mag. Der Sprung besteht darin, daß Moskau zum Zentrum, zur Quelle und zum Symbol eines historischen Provinzialismus geworden ist. Das Wort »Stadt« ist in bezug auf Moskau nur dann akzeptabel, wenn man darunter eine Anhäufung von Menschen, Häusern und Einrichtungen versteht. Als die Bolschewiken nach der Revolution die Hauptstadt des neuen sowjetischen Imperiums von Petersburg nach Moskau verlegten, waren sie in erster Linie darum besorgt, ihre Haut zu retten. Dabei haben sie, ohne es zu wissen, eine Handlung von großer historischer Bedeutung vollzogen: Sie haben den Sieg über die westlichen Aspirationen in Rußland legalisiert. Aber dieser Sieg war nicht den slawophilen Tendenzen zu verdanken – die jetzt ein elendes Leben als einer der Handlanger der sowjetischen Machthaber fristen (KGB und ZK der KPdSU), von denen sie je nach Bedarf (wenn dazu auch gar kein Bedarf besteht) und in vernünftigen (das sind normalerweise idiotische) Grenzen verwendet werden –, sondern es war ein Sieg des Provinzialismus über die Großstadt. Dabei diente das alte Moskau lediglich als bequemer Vorwand für das neue. Das neue Moskau hat, und das ist nur eines der typischen Phänomene des sich etablierenden Kommunismus, vom alten buchstäblich nicht einen Stein auf dem anderen gelassen. Es bildete sich eine neue Ansammlung von Menschen, die mit der des alten Moskau wenig gemeinsam hatte, das gilt für Aspekte der Architektur ebenso wie für die Zusammensetzung und die soziale Psychologie der Bewohner. Und selbstverständlich für ihre geschichtliche Rolle.

Moskau, das ist militantes Provinzlertum, himmelschreiende und selbstzufriedene Mittelmäßigkeit, geisttötende Langeweile, das ist ein Grau, das jede andere Farbe verblassen läßt. Das bezieht sich nicht nur auf das äußere Stadtbild, sondern auch auf die ganze Lebensweise. Hier ist alles in einem solchen Maß grau und trostlos, daß es sogar schon wieder interessant wird. Es handelt sich um eine besondere Interessantheit negativer, zersetzender Art, die einem jeden Willen und jede Lust zu handeln raubt. Aber die von Geburt an daran gewöhnten Menschen empfinden das alles als ihr natürliches Lebenselement und würden es um nichts in der Welt gegen ein anderes eintauschen, denn sie betrachten ihre seelische Leerheit, die Armseligkeit ihres Lebens als Zeichen ihrer moralischen Überlegenheit über den westlichen Menschen. In Moskau erreicht das Fehlen all dessen, was aus einem Menschen eine individuelle Persönlichkeit machen kann, ungeheure Ausmaße und wird fühlbar positiviert, kultiviert und propagiert. Da ist Unbegabtheit nicht bloß das Fehlen von Begabung, sondern ein Begabtsein mit Dreistheit, das fähig ist, jede echte Begabung abzuwürgen. Da ist Dummheit nicht einfach das Fehlen von Verstand, sondern das Vorhandensein einer Art speziellen Verstandes, der den echten Verstand ersetzen und verdrängen kann. Und so ist es mit allem. Moskau ist ein lebendiges und sehr aktives soziales Gewebe, aber ein krebsartiges. Zynismus, Bosheit, Gemeinheit, Plattheit und Unterdrückung durchdringen alle Bereiche der menschlichen Existenz und bilden den Hintergrund für das schreckliche Spiel, das von Dilettanten gegeben wird.

Ich bin in einem kleinen harmlosen Dorf weit von Moskau geboren. In Moskau lebte ich erst ab 1933. Vielleicht war diese Übersiedlung für mich ein Zufall. Kein Zufall war sie aber für Millionen anderer Menschen in dieser Zeit. Die geniale Agrarpolitik von Lenin und Stalin führte zu Beginn der dreißiger Jahre zu einem Zusammenbruch, wie er in der Geschichte Rußlands ohne Beispiel dasteht. Die russischen Muschiks, die Bauern, die überlebt hatten, strebten um jeden Preis in die Städte. Viele zog es nach alter Gewohnheit nach Leningrad, aber weit mehr strömten nach Moskau. Dort war es leichter, sich einzurichten. Außerdem stand ihnen Moskau von seinem Geist und von seiner Kultur her näher als die hochmütige Beamtenstadt Petersburg. Dieses Geschehen fiel mit der allgemeinen provinziellen Tendenz der russischen Revolution zusammen, die den neuen Machthabern des Landes so mächtige Waffen in die Hand gab wie die unendliche russische Geduld, das niedrige Niveau der materiellen Kultur und das billige Menschenmaterial, das für einen Groschenlohn bereit war, jeden Wunsch der Obrigkeit auszuführen. Zweifellos hatten die Leute schon gelernt, die neue Macht zu fürchten. Aber ihre Bereitwilligkeit ist doch zu einem Großteil mit einem anderen Faktor zu erklären, nämlich mit der Angst vor einer Rückkehr in die Vergangenheit. Wenn man diese einfache Wahrheit nicht begreift, kann man nicht verstehen, warum die russische Revolution erfolgreich sein und warum sich das von ihr hervorgebrachte Regime halten konnte. Das sowjetische Volk (zumindest jedoch das russische) ist bereit, alles auf sich zu nehmen, nur keine Rückkehr in die Vergangenheit. Wenn es zwischen den beiden Möglichkeiten »Erschwernisse auf dem Weg voran oder Erleichterungen auf dem Weg zurück« wählen könnte, so würde es erstere vorziehen. Und es wäre sinnlos, darauf zu hoffen, daß das betrogene russische Volk zur Vernunft kommt, das Joch des sowjetischen Regimes abwirft und in den Schoß des friedlichen Lebens vor der Revolution zurückkehrt, das übrigens stark idealisiert wird. Komplexe soziale Entwicklungen einer Masse sind irreversibel. Und wenn man das Rad zurückdrehen will, soll man so schnell wie möglich vorangehen. Eben das tut auch Moskau.

Als ich nach Moskau kam, hatte man die Erlöserkirche bereits abgerissen. An ihrer Stelle, so war geplant, sollte das höchste Gebäude der Welt errichtet werden, der Palast der Sowjets. Selbst den einfachen Muschiks war klar, daß es weit billiger und einfacher gewesen wäre, die Kirche wenigstens zur Dekoration stehenzulassen und den Palast an einer anderen Stelle zu errichten – an Platz fehlte es sowieso nicht. Aber die Behörden entschieden sich für das Schwierigste und Kostspieligste. Dieses große Projekt (weiß Gott, wie teuer es zu stehen kam!) endete damit, daß man schließlich ein Schwimmbassin aushob, das heißt eine Grube. Wie symbolisch! In Moskau ist alles symbolisch. Und paradox. An der Sadowaja-Ringstraße wurden alle Bäume ausgerissen. Man begann, eine großangelegte Landwirtschaftsschau zu bauen. Gleichzeitig Hunger im Land. Die Landwirtschaft in einem erschreckenden Zustand. Und ausgerechnet da eine kolossale Ausstellung ohne Beispiel irgendwo und irgendwann, die die angeblich hervorragenden Leistungen, das glückliche Dasein der sowjetischen Bauern demonstrieren sollte. Und dafür gab man weit mehr Geld aus als man in die Landwirtschaft selbst investierte. Was war los? Damals war die Ausstellung ein schönes Märchen, und Märchen waren wichtiger als die Realität – meinen die einen. Sicher, dieses Märchen war ein Werk von ästhetischer Geschmacklosigkeit. Aber vergessen Sie nicht, daß die Provinz ihren eigenen Geschmack hat. Auf diesem Niveau eines ästhetischen Idiotismus wurde bis jetzt ganz Moskau umgebaut und wird es immer noch. Die Ausstellung zu bauen war immer noch billiger als das Niveau der Landwirtschaft anzuheben – meinen die anderen. Letzteres ist bis heute nicht gelungen, aber die Ausstellung wurde erbaut und erweitert. Der äußere Effekt einer Ausstellung ist stärker als der einer Verbesserung in der Landwirtschaft – denken die dritten. Die winzige Verbesserung in der Landwirtschaft wäre unbemerkt geblieben, aber die Ausstellung haben alle bemerkt. Wie auch immer man die Landwirtschaft verbessern wollte, Rückständigkeit und Armut würden ja doch bleiben. Wenn du für dein Volk keine Kopeke hast, versprich ihm eine Million. Und die Ausstellung war ein solches Versprechen. Außerdem rechnete man damit, daß eine große Anzahl von Dummköpfen an unseren Aufschwung glauben würde, wenn die Leute statt der Dörfer auf dem Land diese Ausstellung besuchten. Natürlich liegt in dem allem ein Körnchen Wahrheit. Aber das ganze Unternehmen war mehr ein elementarer, unkontrollierbarer Prozeß als böse (oder gute?) Absicht und rationales Kalkül. Und deshalb sind alle Erklärungen mit Begriffen wie Ziel und Ursache sinnlos.

Die Landwirtschaftsausstellung war ein Phänomen, das typisch ist für Moskau. Jetzt nennt sie sich »WDNCH« (Wystawka Dostischenij Narodnogo Chosjajstwa, Schau der Errungenschaften der Volkswirtschaft). Eine solche Abkürzung ist auch kein Zufall – sie ist ein typisches Produkt sowjetischer Sprachschöpfung. Gehen Sie einmal durch Moskau und beachten Sie die Schilder der unzähligen Büros! Du lieber Gott, davon gibt's in Moskau viele! Nichts, für das es dort nicht ein Büro gäbe! Das ist auch etwas sehr Wesentliches, denn das neue Moskau wurde als eine gigantische Anhäufung von Büros geschaffen, als Büro der Büros, als Hauptbüro der gesamten sowjetischen Gesellschaft. Moskau ist, um genau zu sein, keine Hauptstadt, sondern eben ein Büro. Der Moskauer Provinzialismus ist nicht nur ein Dorfprovinzialismus, sondern auch ein Büroprovinzialismus. Und derzeit hauptsächlich letzterer. Der Büroangestellte kann dort herrschen und seine Mentalität, seinen Geist, seine Verhaltensformen und seinen Geschmack der übrigen Bevölkerung aufzwingen. Und obwohl Moskau voll ist von Arbeitern, ist es doch in erster Linie ein Reich von Angestellten und Beamten.

Im Zentrum der WDNCH prangt nun nicht mehr eine Weizenähre oder wenigstens ein Maiskolben, sondern ein Raumschiff. Heute hat das Land andere Sorgen als die Landwirtschaft, es ist mit erhabeneren Dingen beschäftigt – dem Weltall! Die Menschen werden ja nicht ewig auf der Erde sitzenbleiben! Übrigens würde es mich gar nicht wundern, wenn die Menschen wirklich einmal auf ihre Erde pfeifen und auf irgendeinen zum Leben untauglichen Planeten fliegen würden. Schwierigkeiten eigens schaffen, um sie dann zu überwinden – das ist ganz im Sinne der neuen Gesellschaft. Unweit vom Raumschiff befindet sich die übergroße Tonskulptur eines Stiers, die bronzefarben angestrichen ist – eine

Spur des ursprünglichen Gedankens dieser Ausstellung. Es geht das Gerücht, der Stier sei zu Beginn ohne Geschlechtsorgane ausgeführt worden: Partei und Regierung waren um die Moral des Volkes besorgt. Hinter dem Stier befindet sich der Pavillon, in dem an sich Kühe ausgestellt sein sollten. Als wir vor unserer Abreise aus Moskau noch dort waren, befand sich an dem Pavillon eine kleine Tafel, auf der die Worte gemalt waren »Kühe wegen Reparatur geschlossen«. Wenn Sie den Stier betrachten und sich dann zum Raumschiff umdrehen, werden Sie daran nichts Kosmisches mehr finden. Sie werden vielmehr den Anspruch darin spüren, nicht so sehr den Kosmos als unseren gesamten Erdplaneten zu erobern. Wozu eigentlich, wenn wir nicht einmal imstande sind, uns unsere eigene Erde dienstbar zu machen? Nun, dann wohl zumindest um alle zu zwingen, so trostlos und stumpf zu leben, wie Moskau lebt.

Derzeit bereitet man sich in Moskau auf die Olympischen Spiele vor. Dieses Ereignis ähnelt dem der Landwirtschaftlichen Ausstellung. Wozu, fragt man sich, war es notwendig, eine solche Bürde auf sich zu nehmen, wenn sich das Land am Rande einer wirtschaftlichen Katastrophe befindet? Wirtschaftlicher Nutzen? Nein, mit welchen Zahlen die Ökonomen auch kalkuliert haben mögen, für die ganze Sache wird doch an die fünfmal mehr verschleudert als hereinkommt. Politischer Effekt? Woher? Ich glaube, die sowjetische Führung hätte jetzt selbst im Innersten ihres Herzens gern, daß diese Spiele platzen, aber das liegt nun schon nicht mehr in ihrer Macht, wie es schon nicht mehr in ihrer Macht liegt, die destruktive und konstruktive Lawine der Geschichte anzuhalten. Denn sie ist selbst deren Sklave. Zugunsten der Arbeiten für die Olympischen Spiele wurde der Wohnungsbau eingeschränkt (wenn nicht eingestellt). Es wurden haufenweise Leute aus ihren Arbeitsstätten herausgerissen. Welchen Sinn hat das alles? Es ist müßig, ihn zu suchen. Ein Krebsgeschwür hat kein Ziel in sich.

Moskau ist als Auslage der neuen kommunistischen Gesellschaft geschaffen worden. Mit Säulen, Giebeln und allen möglichen Schnörkeln. Das Bild des verschmähten adeligen Petersburg bemächtigte sich des Unterbewußtseins der Herren der neuen Hauptstadt. Man baute jedoch auch einiges in einem neuen (konstruktivistischen) Stil. Aber über diese Bauwerke hat man nur gelacht. Es gingen Gerüchte um, ihre Schöpfer seien Feinde des Volkes und erlitten die verdiente Strafe. Gleichzeitig wurde das alte, das heißt russische Moskau sorgfältig vom Erdboden abgetragen. Erbarmungslos wurden die Kirchen abgerissen. Krumme Gäßchen korrigiert. Bäche in Rohre gejagt. Hügel ausgeglichen. Man dachte sich das neue Moskau als ideale Ebene und verbaute es in einer Weise, daß man an der Ernsthaftigkeit seiner Planer zweifeln könnte. Man lehnte den Plan von Le Corbusier ab, das neue Moskau im südwestlichen Bezirk der Stadt zu bauen, die Altstadt als historisches Denkmal zu erhalten und sie nur von den

Bauwerken zu befreien, die keinen architektonischen Wert darstellten. Später unternahm Moskau selbst Bemühungen in dieser Richtung, aber bei weitem nicht nach Le Corbusiers Plänen, dafür mit dem Geschmack der sowjetischen Architekturakademiker und Parteifunktionäre. Anerkannt sind jetzt auch die einst gescholtenen architektonischen Ideen des Westens; allerdings werden sie mit großer Verspätung übernommen und in sehr mittelmäßigen und primitiven Formen mit spezifisch sowjetischen Korrekturen.

Als ich Student war (das war schon nach dem Krieg), riß man die Mauer des Chinesenviertels und das alte Viertel Saradje nieder. Ich arbeitete damals als Erdarbeiter bei archäologischen Ausgrabungen. Wir gruben die erbärmlichen Reste russischer Geschichte aus, und vor unseren Augen riß man die herrlichen Denkmäler eben dieser Geschichte ab und zertrümmerte sie. An der Stelle des zerstörten Saradje-Viertels errichtete man das scheußliche Gebäude des Hotels »Rossija«. Trotz vieler Proteste. Auf dem mächtigen Fundament, das laut Plan hundert Stockwerke tragen sollte, halten sich gerade noch etwa zwanzig. Noch ein Symbol. Bei dem großen Überfluß an Terrain zwängte der Chefarchitekt Moskaus seine Schöpfung in den Moskauer Kreml – die Macht dazu lag in seiner Hand. Und auch das ist symbolisch: Ein unbegabter Funktionär, zuständig für Architektur, versucht sich an die großen Schöpfungen der Vergangenheit heranzupirschen. Und obwohl die Regierungsgebäude im Kreml vom funktionalen Gesichtspunkt aus gesehen sehr ungünstig angelegt sind, klammern sich die Machthaber an den Kreml wie an ein Symbol. Sie wollen als Erhalter und legitime Repräsentanten Rußlands dastehen, das von ihnen als Nation praktisch zerstört worden ist und dessen Wiedererstehen sie selbst panisch fürchten. Rußland verfügt – als einzige der Sowjetrepubliken – über keine eigene Akademie der Wissenschaften und nicht einmal über ein eigenes Zentralkomitee der Partei auf Republikebene.

Im Laufe der sowjetischen Machtperiode verlor Moskau seinen spezifisch nationalrussischen Charakter. Vertreter der zahlreichen Nationalitäten des Landes nisteten sich ein und strebten nach den bequemsten und lukrativsten Stellungen. Dazu kommen noch die vielen Reisenden. Sie kommen entweder dienstlich nach Moskau oder um Lebensmittel, Kleidung, Geschirr, Möbel und andere Konsumgüter einzukaufen und sich zu amüsieren. Sie sind hier schon zu einem konstanten Faktor des Lebens der Stadt geworden. Und schließlich die Ausländer, die in Moskau ziemlich zahlreich und von spürbarem Einfluß auf den Lebensstil der Stadt sind. Obwohl die russische Bevölkerung zahlenmäßig stärker ist, erlag sie doch in weit größerem Maß dem Einfluß der Juden, Georgier, Armenier, Ukrainer und anderer Nationalitäten als umgekehrt. Dazu trug das Fehlen einer nationalen Solidarität des russischen Volkes bei, aber auch die versteckt antirussische Politik der Regierung, die seit den ersten Tagen der Sowjetmacht betrieben wird und dazu geführt hat, daß die russische Bevölkerung die ärmste, unglücklichste und isolierteste des Landes ist. Die Russen in Moskau haben die Vertreter der übrigen Nationalitäten nicht assimiliert, sondern zusammen mit ihnen eine Art außernationaler Gemeinschaft gebildet.

Rußland ist insofern nie eine Nation gewesen, als es nicht aus der Vermehrung eines einzigen Volkes und aus der Assimilierung anderer Völker entstanden ist, sondern aus der (gewaltsamen oder freiwilligen) Vereinigung verschiedener Völker, die einander nicht assimiliert haben. Rußland ist immer ein Imperium gewesen. Die Revolution erstickte die Ansätze zur Entstehung einer Nation und machte den Weg für das imperiale Prinzip frei. Moskau war die ideale Verkörperung dieser Idee. Moskau ist kein kosmopolitisches Konglomerat. Dort gilt die nationale Zugehörigkeit etwas, wenn auch nur scheinbar. Moskau ist ein imperiales Gebilde. Und zwar ein wahrhaft originelles: Seine ursprüngliche Bevölkerung wird am meisten unterdrückt, denn sie ist träger Körper und Fundament dieses Gebildes. Wenn man zu hören bekommt, in der Sowjetunion unterdrückten die Russen die anderen Nationen, klingt das für mich komisch. Vergleichen Sie doch den Lebensstandard der russischen Bevölkerung mit dem der anderen Völker, und Sie werden selbst sehen, daß das Lüge ist. Daß sich die sowjetische Führung auf die russische Bevölkerung stützt und sie für ihr Bemühen verwendet, das Leben im ganzen Land noch mehr zu standardisieren und uniformieren, ist eine andere Sache. Aber all das liegt im Kern des Systems begründet und nicht in irgendeinem russischen Nationalismus. Gegenwärtig ist eine gewisse Tendenz zu beobachten, den russischen Nationalismus wiederzubeleben, indem man den Juden Einschränkungen auferlegt und sie ausreisen läßt (in Form der freiwilligen Emigration). Aber selbst wenn in Moskau kein einziger Jude, Ukrainer, Georgier oder Tatare bleibt, wird Moskau deshalb auch nicht eine russische Stadt. Zum Teil auch deshalb habe ich Moskau ohne besonderes Bedauern verlassen und empfinde auch kein Heimweh nach dieser Stadt, obwohl ich dort fünfundvierzig Jahre gelebt habe. Es ist interessant, daß auch viele andere der jetzigen Emigranten etwa dasselbe empfinden. Warum? Deshalb, weil die letzte Emigration keine russische, sondern eine Moskauer Emigration ist, das heißt eine Emigration derer, die in der einen oder anderen Form unter dem Einfluß Moskaus gestanden haben. Nur die erste Emigration war eine russische. Die zweite war eine zufällige oder antisowjetische. Und die dritte ist, wie ich eben sagte, eine Moskauer, das heißt eine sowjetische Emigration. Ein Moskauer Emigrant führt selbst eine antisowjetische Tätigkeit so aus, als täte er dies im Auftrag der sowjetischen Macht. Er ist ein zutiefst sowjetischer Mensch. Vielleicht sogar noch sowjetischer als die, die in Moskau geblieben sind.

Fast alle Menschen, die ich vor dem Krieg getroffen hatte, lebten in einer Not, die an Armut grenzte. Kaum jemand war mit dem, was geschah, zufrieden. Und heute ist die Unzufriedenheit eine der fundamentalsten Eigenschaften des Sowjetbürgers. Früher hat man seine Unzufriedenheit verborgen. Jetzt prahlt man sogar damit. Aber alle akzeptierten und akzeptieren bis jetzt die herrschenden Existenzbedingungen. Hoffnung auf eine bessere Zukunft? Kaum. Glaube an die Märchen des Kommunismus? Über diese lacht doch alle Welt. Was ist es also? Schwer zu erklären. Hier sind so viele verschiedene historische Fäden miteinander verknüpft, daß sie eine Erklärung erschweren. Ich glaube, daß hier die stürmischen Ereignisse des Lebens, von denen alle erfaßt wurden, die entscheidende Rolle gespielt haben. In Moskau wirkten sie wie ein Orkan. Normalerweise entgehen solche Phänomene der Massenpsychologie der Aufmerksamkeit der Historiker, da sie sie für unwesentlich halten und für etwas, das keine sichtbaren Spuren hinterläßt. Aber ihre Rolle ist dennoch sehr groß. Ich erinnere mich noch, daß am Kriegsende viele von uns darüber unzufrieden waren, daß der Krieg schon zu Ende war. Wir wollten ganz Europa bis zum Ozean durchqueren. Wozu? Wir wußten es damals selbst nicht. Wir waren einfach ein Teil dieses historischen Orkans und trugen diesen in uns. Wir spürten, daß eine Rückkehr nach Hause für uns ein Zurückfallen in diesen trostlosen Sumpf des Provinzialismus bedeutete, der sich schon deutlich vor unseren Augen abzeichnete. Wir begriffen damals allerdings nicht, daß eben dieser Vorkriegs- und Kriegsorkan die ganze Gesellschaft in diesen Sumpf trieb und daß dieser Orkan nicht ein Aufstieg war, sondern ein Fall. Alle Versuche der Führung nach Stalin, wenn schon nicht das Ungestüm des Lebens zu bewahren, so doch zumindest die Illusion eines solchen, erlitten Schiffbruch, denn tiefer fallen konnte man nicht mehr. Alle Möglichkeiten des Fallens, zuvor noch als Flug gedeutet, waren schon ausgeschöpft, der Rausch, der sich der Menschen bemächtigt hatte, vergangen. Es kam der Katzenjammer. Aber kein Protest. In jener Zeit entdeckte man auch die vielen Vorteile eines Lebens im Sumpf. Um so mehr, als bereits der neue Mensch daraus hervorgegangen war, der zum Sumpfleben taugte.

Wenn von Moskau die Rede ist, kommt das Wort »lieben«, weiß Gott warum, nie vor. Man kann Leningrad lieben, Kiew, Tiflis... Aber Moskau... Weshalb es lieben? Die Mauern des »alten Kreml«? Das ist doch ein Spielzeug für Touristen. Und wieder so ein Symbol. Gehen Sie durch die Straßen Moskaus! Graue trostlose Häuser. Nirgends bleibt der Blick hängen. Fast keine Spuren der Geschichte: Sie ist ausradiert und verfälscht worden. Ekelerregende Lokale und Cafés. Und selbst die sind rar. Und auch da wieder: Schlange stehen, Schmutz, Grobheit. Mit allem möglichen Schund vollgestopfte »Industriewaren«-Geschäfte. Das Wort »Industriewaren« selbst ist typisch sowjetisch: Parfum, Eau-de-Cologne, Damenwäsche, Seife, Zahnbürsten – all das gehört hierher. Dann die armseligen Lebensmittelgeschäfte. Schlangen. Gedränge. Grobheit. Nirgends ein Ort, an dem es sich aushalten und ein wenig mit

Freunden plaudern ließe. Jenes Leben, das die Moskauer als Zeichen ihrer moralischen Überlegenheit über den Westen empfinden, spielt sich hauptsächlich in armseligen und engen Wohnungen ab. Und daß es die gibt, ist schon ein Fortschritt. Früher nistete man sich in »Kommunalen« ein. Was eine solche Moskauer Kommunalwohnung ist, wird sich ein westlicher Bürger kaum vorstellen können. Denken Sie sich eine Wohnung mit fünf bis sieben Zimmern. Ohne jeglichen Komfort. Mit ständig kaputter Kanalisation. Pro Zimmer eine Familie, oder auch zwei. Pro Kopf ein Quadratmeter Wohnfläche, oder auch weniger.

Wenn man Moskau nicht liebt, so haßt man es auch nicht. Viele bemühen sich darum, dort zu wohnen, und die meisten Bewohner würden Moskau mit keiner anderen Stadt tauschen. Man hat zu Moskau ein rationales Verhältnis: Man zieht es vor. Nicht etwa im Sinne einer freien Wahl. Eine solche hat der Sowjetbürger nicht. Und die wenigen, die sie haben, wählen Moskau nicht aus emotionalen Gründen, sondern aus anderen Überlegungen heraus. Dort gibt es einfach mehr Möglichkeiten, das Leben angenehmer zu gestalten und Karriere zu machen. Die Kanäle für eine solche Karriere sind zahllos. In Moskau ist die Lebensmittelversorgung besser als in vielen anderen Städten des Landes. Es gibt Betätigungsfelder, die anderswo fehlen. Der Westen ist näher, es ist mehr Kultur da. Man kann freier sprechen. Man kann sich überhaupt Dinge erlauben, die anderswo verboten sind. So zum Beispiel war seinerzeit die Zeitschrift ›Nowy mir‹ in der Sowjetischen Armee verboten, und schon hundert Kilometer von Moskau entfernt war es nicht einmal ratsam, eine so parteitreue und speichelleckerische Zeitschrift wie ›Woprosy filosofi‹ zu zitieren. In Moskau haben Spekulanten und Gauner aller Art ein weites Betätigungsfeld. Mit einem Wort, Moskau wird von einem Großteil der Bevölkerung des Landes fast als Westen empfunden. Danach können Sie sich vorstellen, wie die Menschen in diesem Lande leben, das sich berufen fühlt, der Menschheit den Weg zu einer glücklichen Zukunft zu bahnen!

Nicht alle sehen Moskau immer in dem Licht, wie ich es vorhin dargestellt habe. Moskau, das sind Millionen von Menschen. Wie viele von ihnen sind karrieremachende Partei- und Staatsfunktionäre, Minister und Fußballer, Generäle und Akademiker, Direktoren, Leiter, Spekulanten, Schauspieler, Maler, Schriftsteller und anderes diensteifriges Volk, das hier sein Leben verpraßt! Wie viele Menschen ergießen sich jährlich über Moskau, ungeachtet aller Verbote, mittels Bestechung, Beziehungen und legaler Arrangements! Und viele reüssieren. Sehen Sie sich doch einmal die staatlichen Funktionäre an, die Generäle, Parteibeamten, bekannten Schriftsteller, Maler, andere Künstler und die Sportler!... Wie viele von ihnen sind echte Moskauer? Die Geschäfte in Moskau sind armselig. Aber sehen Sie doch nur, wie gut viele Moskauer angezogen sind! Die Lebensmittelgeschäfte sind leer. Aber gehen Sie nur einmal zu einem auch nur einigermaßen arrivierten Funktionär zu Besuch! In Moskau gibt es alles, was Sie wollen. Allerdings nur über Außenstehenden verschlossene Verteilerstellen, auf dem Schwarzmarkt, mit Protektion, illegal, aufgrund von Privilegien. Alle Weine. Alle Speisen. Alle Frauen. In Moskau gibt es alles. Drogen, Syphilis, Spione, Ausländer, Devisenschmuggler, Prostituierte, Buddhisten, Genies, Gauner, Homosexuelle, Gottsucher, Parapsychologen... Man kann jeden Film aus dem Ausland sehen, jede westliche Musik hören, jedes Buch lesen. Tausende von Menschen führen endlose Diskussionen auf höchstem intellektuellen Niveau. Mit einem Wort, Moskau ist eine sehr große Stadt, heute der Pulsschlag der Welt: Es ist die Basis, die Quelle, das Zentrum, die Spitze, Seele und das Herz einer für die ganze Menschheit verhängnisvollen Tendenz – des Angriffs des Kommunismus auf die ganze Welt. Und was Kritiker des sowjetischen Regimes (antisowjetisch Gesinnte oder Konkurrenten) diesbezüglich auch sagen mögen – die Eurokommunisten, die Chinesen und alle anderen Phänomene des Kommunismus sind sekundär und stehen mit Moskau im Zusammenhang. Von Moskau geht die Initiative aus. Moskau ist der Spieler, alle anderen sind nur Spielfaktoren. Moskau zwingt sein Spiel der ganzen Welt auf, und es tut dies mit der stumpfen Beharrlichkeit und Pedanterie eines gut funktionierenden Systems, das den Führern bereits nicht mehr gehorcht. Allerdings...

Nun, dieses »allerdings« läßt uns wieder zum Ausgangspunkt zurückkehren. Für wen sind die vorhin erwähnten Güter zugänglich und wie profitiert man von ihnen? Um Zugang zu ihnen zu bekommen und an dem großen Spiel teilzunehmen, das Moskau führt, muß man sich so geben, auf eine Weise leben, daß jeder Glanz, jede Dynamik und alles, was das Leben interessant macht, illusorisch wird, allmählich überhaupt verschwindet und durch grauen Alltag, Gemeinheiten, Trübsinn und Mittelmäßigkeit ersetzt wird... Es kommt nicht nur darauf an, etwas zu besitzen. Es kommt auch darauf an, welchen Preis man dafür zu bezahlen hat. Der Preis, den Moskau bezahlt, ist jedenfalls zu hoch. Wie es so schön heißt, das Fell ist die Gerbung nicht wert. Das Menschenmaterial, das das Leben in Moskau genießt, ist nach den Gesetzen der kommunistischen Lebensform ausgesucht und herangezogen worden; allerdings so, daß man hier nur in archaischem oder spöttischem Sinne von Lebensgenuß sprechen kann. Lebensgenuß wird in Moskau in den meisten Fällen mit völliger Aufgabe der Moral und einem kriminellen Lebensstil, mafiaähnlicher Gesinnung erkauft. Selbst dann, wenn diese Güter auf legaler Grundlage (dank dem Privilegiensystem) erlangt werden, genießt man sie mit dem Bewußtsein und dem Gefühl eines Diebes. Sich mit allen Mitteln aus der Armseligkeit ihres Lebens herauszureißen und irgendwelche Vorteile gegenüber den anderen zu ergattern, das ist der sozialpsychologische Kern der Aktivitäten der Moskauer. Die Armseligkeit des Lebens der überwältigenden Mehrheit der Einwohner Moskaus, denen der Zugang zu den erwähnten Gütern verschlossen ist, spottet indessen jeglicher Beschreibung. Es heißt, das Leben der unteren Bevölkerungsschichten im Westen sehe auch nicht sehr rosig aus. Ich möchte keine Vergleiche anstellen. Ich möchte nur eines sagen: Es wäre absurd zu hoffen, daß Moskau der Welt Licht und Befreiung von allem Elend bringen werde. Moskau ist dabei, mit manischer Beharrlichkeit und Konsequenz und ohne Rücksicht auf die Nöte seiner Bevölkerung (sie kann alles ertragen), dem Westen das Grab zu schaufeln. Wozu? Die Frage ist sinnlos. Weil es ganz einfach nach den Gesetzen eines Krebsgeschwürs versucht, die ganze Welt sich selbst gleichzumachen. Genau in dem Moment, da Moskau in der Weltgeschichte die Rolle des Initianten und Spielleiters übernommen hat, hat es mit aller Deutlichkeit den dunklen und gemeinen Charakter seiner Politik offenbart.

München, 7. März 1979

Der Bürokratismus in der
sowjetischen Gesellschaft

Man kann das Leben einer Gesellschaft auf zwei Arten betrachten. Den Unterschied zwischen den beiden Betrachtungsweisen möchte ich an einem Beispiel aufzeigen. Die Apologeten des sowjetischen Systems behaupten, in der Sowjetunion habe das Volk die Macht, und empfinden dies als gut. Die Mehrheit der Kritiker des Sowjetregimes jedoch behaupten, in der Sowjetunion liege die Macht nicht wirklich beim Volk, und empfinden dies als schlecht, denn wenn tatsächlich das Volk die Macht hätte, wäre alles gut. In diesem Punkt denken die Kritiker des Regimes und seine Verfechter gleich. Aber man kann auch anders an dieses Problem herangehen. Sie meinen, in der Sowjetunion gehöre die Macht dem Volke? Nehmen wir es an. Jetzt stellt sich die Frage, was Volks-Herrschaft wirklich bedeutet. Die erste Betrachtungsweise arbeitet mit abgegriffenen Wörtern und mit Phrasen. Die zweite ist hingegen auf die Prüfung der Realität ausgerichtet. Ebenso verhält es sich mit dem Problem der Bürokratie in der sowjetischen Gesellschaft. Die Apologeten behaupten, die sowjetische Gesellschaft sei ein Feind des Bürokratismus und bekämpfe ihn systematisch, wo er auch auftauche. Die Kritiker hingegen bezichtigen das sowjetische Regime eines maßlosen Bürokratismus und behaupten, es werde überhaupt von Bürokraten beherrscht. Dabei gehen die einen wie die anderen von dem *a priori* aufgestellten Dogma aus, wonach die Bürokratie etwas Böses sei. In Wirklichkeit muß die Bürokratie nicht unbedingt etwas Böses und ihr Fehlen nicht unbedingt etwas Gutes sein. Was ist Bürokratie, Bürokratismus überhaupt? Wir bedienen uns hier aus Gewohnheit alter Vorstellungen, die aus einer Zeit stammen, als die Gesellschaft, im Vergleich zur modernen Gesellschaft, noch relativ einfach war; als das auf dem Papier festgehaltene System von Verwaltung und Verhaltensnormen ungleich einfacher war. Die sowjetische Gesellschaft dagegen ist sehr kompliziert und verfügt über einen gewaltigen Verwaltungs- und Machtapparat. Dieser Apparat ist an und für sich noch kein bürokratischer Apparat. Die Menschen und Organisationen, die ihm angehören, kann man in zwei Gruppen teilen. In der ersten Gruppe befinden sich diejenigen, die direkt, und in der zweiten jene, die nicht direkt mit Menschen zu tun haben, sondern mit Papieren (Gesetzen, Bestimmungen, Vorschriften, Bestätigungen usw.). Der Direktor einer Fabrik oder eines Instituts, der Vorgesetzte eines Betriebs, der Kommandant einer Division, der Bezirkssekretär der Partei – das sind keine Bürokraten, obwohl sie Beamte des Macht- und Verwaltungsapparates sind. Den eigentlichen bürokratischen Apparat machen jene Menschen und Organisationen aus, die zur zweiten von mir genannten Gruppe gehören. Man muß sich also fragen:

Welchen Platz nimmt dieser bürokratische Apparat innerhalb des Macht- und Verwaltungssystems der sowjetischen Gesellschaft ein, und welches ist seine praktische Funktion? Normalerweise assoziiert man mit dem Begriff Bürokratie (Bürokratismus) Papierkrieg und Amtsschimmel, eine Verwaltung, die zum Selbstzweck geworden ist und die lebendigen Menschen ignoriert, denen sie im Grunde dienen sollte. Die Bürokratie in diesem Sinn war immer Gegenstand des Spottes von Schriftstellern, Künstlern, Journalisten und sogar Politikern. Die Bürokratie ist jedoch ein notwendiges Element des alltäglichen Lebens einer einigermaßen entwickelten Gesellschaft. Die Interessen lebendiger Menschen ignorieren kann man auch ohne Bürokratie. In der Sowjetunion beispielsweise waren Millionen von Menschen auch ohne den bürokratischen Amtsschimmel unmenschlichen Repressionen ausgesetzt. Soweit ich beurteilen kann, ist Westdeutschland zwar ein hochbürokratisierter Staat, aber zugleich ein Rechtsstaat im Sinne der westlichen Demokratie. In der Sowjetunion ist der bürokratische Apparat sehr stark ausgebaut, und es gibt im Überfluß Rechtspapiere aller Art, Vorschriften, Amtsführer, Bestimmungen usw., der Papierkrieg ist beträchtlich. Aber in dieser Hinsicht unterscheidet sich die Sowjetunion kaum von den westlichen Ländern, übertrifft diese auch nicht, sondern steht ihnen vielleicht sogar nach. Doch darum geht es nicht. Die Bürokratie ist kein spezifischer Charakterzug der sowjetischen Gesellschaft, aber sie ist ihr Hauptakteur. Im Macht- und

Verwaltungssystem spielen die Personen und Organisationen der ersten von mir genannten Gruppe die Hauptrolle; als Hauptwerkzeug dieser Verwaltung dient ein System von Richtlinien, denen auch der bürokratische Apparat selbst untergeordnet ist. Diese Richtlinien sind bisweilen in Dokumenten schriftlich fixiert, bisweilen lediglich als ungeschriebene Gesetze vorhanden, oder sie gelten implizit aufgrund eines Gewohnheitsrechts beziehungsweise kraft der Natur des Verwaltungsapparates. Daher werden Vorschriften und Anordnungen selten eingehalten und wenn, dann in einer der jeweils gültigen Richtlinie angepaßten Form. Die sowjetische Gesellschaft ist kein Rechtsstaat. Ihrem Wesen entspricht eher ein volontaristisches (nicht formalrechtliches) Macht- und Verwaltungssystem und die diesem adäquate Form seiner Realisierung: die Norm. Die Bürokratie ist eher eine soziale Erscheinung, die dem Gesellschaftstyp der westlichen Demokratien entspricht. Obwohl sie auch eine Reihe negativer Erscheinungen mit sich bringt, die dem Großteil der Bevölkerung verhaßt sind, ist sie doch das Zeichen für einen Rechtsstaat. Das sowjetische System kann nicht als bürokratisches System gelten, obwohl, wie gesagt, sein bürokratischer Apparat groß ist. Das, was man Amtsschimmel und Formalismus, also Bürokratismus, nennt, ist im sowjetischen System stark ausgeprägt; aber das ist kein Produkt des bürokratischen Apparates, sondern des gesamten Macht- und Verwaltungssystems der Gesellschaft, wo das persönliche Interesse an einer möglichst raschen und optimalen Lösung von Problemen fehlt und wo an dessen Stelle das Bestreben tritt, Risiko und Verantwortung zu meiden. Dieser Macht- und Verwaltungsapparat hatte sich schon lange vor der Oktoberrevolution zu formieren begonnen. Allerdings war er vor der Revolution noch nicht Selbstzweck und hatte noch nicht das ganze Staatswesen absorbiert. Er erfüllte bürokratische Funktionen (aber nicht nur diese) und wurde als rein bürokratischer Apparat empfunden, wenn er sich auch, wie gesagt, nicht in letzterem erschöpfte. Er war nicht aus dem Bedürfnis entstanden, Menschen mit Hilfe von Papieren zu regieren – zur Zeit Iwans des Schrecklichen etwa waren es gar nicht so viele –, sondern er weitete sich erst mit der Zeit in diese Richtung aus. Die Oktoberrevolution bahnte diesem Macht- und Verwaltungsapparat den Weg, bereitete ihm einen idealen Boden und ließ ihn zum souveränen Herrscher über die Gesellschaft werden. Es wäre ein Irrtum zu glauben, der Kommunismus hätte die Bürokratie erschaffen. Die Bürokratie ist in jeder komplexen Gesellschaft unvermeidlich. Die Bürokratie trägt in jeder Art von Gesellschaft (auch in der des vorrevolutionären Rußland) Elemente und Keime kommunistischer Gesellschaftsverhältnisse in sich. Aber nicht sie allein hat sie zu tragen. Ich könnte hier noch alle möglichen Arten von Mafias, Bündnissen, Parteien, Berufskasten, Verwaltungsorganisationen, Büros aufzählen und auch die Armee. Die Apologeten des Kommunismus meinen, soziale Beziehungen kommunistischer Prägung reiften nicht in einer alten Gesellschaft heran, sondern träten erst nach einer sozialistischen Revolution auf. Sicher, wenn man darunter die märchenhaft paradiesischen Beziehungen zwischen den Menschen versteht, die die Propaganda für den künftigen Kommunismus verheißt – solche Beziehungen entstehen sicher nicht in einer bürgerlichen Gesellschaft. Aber auch nicht nach einer sozialistischen Revolution. *Reale* soziale Beziehungen kommunistischer Prägung finden sich, leider, in den verschiedensten Gesellschaften. Sie finden sich auch in den westlichen Ländern, wo sie bereits bedrohliche Ausmaße erreicht haben. Unter bestimmten Bedingungen werden sie nämlich dominierend und bringen einen speziellen Gesellschaftstyp hervor. Unter diesen Bedingungen ist in erster Linie die Liquidierung der privaten Produktionsmittel und der Privatinitiative überhaupt zu nennen. Worin bestehen die realen kommunistischen Beziehungen? Nehmen Sie irgendeine elementare Zelle einer Gesellschaft, die alle wesentlichen Eigenschaften dieser Gesellschaft aufweist, also etwa ein durchschnittliches Unternehmen in der Sowjetunion, und Sie werden diese Beziehungen mit bloßem Auge erkennen. Es sind die Beziehungen des Beherrschens und des Unterordnens, des Mit-Unterordnens, der Hierarchie von Menschen und Gruppen in primären Kollektiven, der Hierarchie von Kollektiven, des Systems dienstlicher Privilegien, des Systems der Verteilung nach sozialer Position usw. Ich habe alle diese Erscheinungen in meinen Büchern ausführlich beschrieben. Unter diesen Verhältnissen lebt und gedeiht natürlich auch der bürokratische Apparat. Nicht der Kommunismus hat die Gefängnisse erfunden, den Staatsapparat, die Armee und vieles andere. Auch die Bürokratie ist nicht seine Erfindung. Der Kommunismus macht sich lediglich all diese Erfindungen der Menschheit zunutze und verleiht ihnen das dem neuen Gesellschaftstyp entsprechende Antlitz. Ich möchte an einem einfachen Beispiel die praktische Stellung der Bürokratie in der sowjetischen Gesellschaft illustrieren. Der Bürger A verfügt über ein kleines Zimmer in einer Kommunalwohnung, wo er mit seiner Tochter gemeldet ist. Seine Frau ist in einem ebensolchen Zimmer bei ihrer betagten Mutter gemeldet. Sie wollen verständlicherweise ihre Zimmer zusammenlegen (wie man auch in der Sowjetunion sagt: sie wollen zusammenziehen), um zusammen zu wohnen. Dieses Problem auf privater Basis zu lösen, über ein Vermittlungsbüro etwa, ist nicht möglich, denn das eine Zimmer befindet sich in einem sehr alten Haus, das schon vor zehn Jahren hätte abgerissen werden sollen; aber das haben gewichtige Gründe bisher verhindert. Das letzte Mal war die Vorbereitung der Olympischen Spiele in Moskau der Grund, denn deretwegen ist der Wohnungsbau eingestellt worden. Der Bürger A hat sich mit der Bitte um Hilfe schon unzählige Male an alle Arten von Staats- und Parteiinstanzen (er ist ein altes Parteimitglied) gewandt. Mehr als fünfzehn Jahre hat sich diese Geschichte hingezogen. Hunderte von Anträgen, Fragebögen, Briefen, Entscheidungen usw. Umsonst. Es hat den Anschein, als sei dies ein typisches Beispiel für Amtsschimmel. In Wirklichkeit ist es ein Beispiel für eine Scheinbürokratie. Hier tritt der Bürokratismus als Maske und Instrument viel tieferliegender sozialer Beziehungen, nämlich kommunistischer, auf. Wenn der Bürger A der privilegierten Schicht angehörte und Beziehungen zu den Organen der Macht hätte, wenn er am Arbeitsplatz seinem Vorgesetzten gegenüber ein Speichellecker wäre oder in der Partei aktiv, wenn er in der Lage wäre zu bestechen, dann hätte er sein triviales Problem innerhalb eines Monats gelöst. Nachdem er aber über keine dieser Eigenschaften verfügt, gelangte (unter anderem) jene Verordnung von höherer Seite zu seinen Ungunsten zur Anwendung, nach der die Wohnbedingungen für Familien, die bereits über mehr als fünf Quadratmeter Wohnfläche pro Kopf verfügen, nicht zu verbessern seien.

Eine noch bemerkenswertere Form nehmen Probleme dieser Art auf einer höheren Ebene an – wenn es um die Einführung und Anwendung von wissenschaftlichen Entdeckungen und technischen Erfindungen geht, oder um die Einführung einer neuen Arbeitsorganisation und Zahlungsmodalität. Sogar im militärischen Bereich, wo man annehmen müßte, daß alles reibungslos funktioniert, nachdem die Sowjetunion hauptsächlich ein militarisierter Staat ist, geschehen Dinge, die man nach alter Vorstellung als Amtsschimmel bezeichnet, die aber in Wirklichkeit spezifische Phänomene der kommunistischen Organisation einer Gesellschaft sind. Ich bestehe deshalb auf dieser Unterscheidung, weil ich damit den folgenden wesentlichen Punkt verdeutlichen möchte. Der reale Kommunismus kommt nicht aus den Folterkammern des Strafvollzugs, nicht von den kriminellen geheimen Parteibeschlüssen und nicht aus den Konzentrationslagern. Er entspringt ganz einfachen, gewöhnlichen und weit verbreiteten Phänomenen unseres Lebens und erzeugt dann *selber* unter bestimmten günstigen Voraussetzungen die Folterkammern des Strafvollzugs, die kriminellen Ideen der Führer, die Konzentrationslager und alle sonstigen Schrecken, die hinlänglich bekannt sind. Die große Masse der Menschen legt niemandem Rechenschaft ab über die Folgen ihrer Handlungsweise für das Schicksal der Gesellschaft. Das ist eine elementare Kraft, deren wir uns nicht bewußt sind. Im Kampf gegen die Naturgewalten hat die Zivilisation Schutzeinrichtungen erfunden. Dasselbe ist auch im Kampf gegen eine Sozialgewalt geschehen, wie sie die Offensive der kommunistischen Epidemie gegen die Welt darstellt. Und da könnte im übrigen ein gut funktionierender bürokratischer Apparat die Rolle einer Schutzeinrichtung spielen. Auch in der Sowjetunion ist die Bürokratie nicht nur etwas Böses, sondern auch ein Mittel zur Verteidigung. Der durchschnittliche Sowjetbürger richtet sich meist nach einem bürokratischen System und lernt, wie es dort heißt, »auf sein Recht zu pochen«, also den Bürokratismus zu seinen Gunsten zu nutzen.

München, 20. März 1979

Abweichlertum und sein Opferritual

Aus einer Sendung von Radio Liberty

Die *Aufzeichnungen eines Nachtwächters* waren als Teil der *Gähnenden Höhen* konzipiert. Einer der Hauptgedanken der *Höhen* war, aufzuzeigen, daß man, will man sich in der realen kommunistischen (oder sozialistischen) Gesellschaft zurechtfinden, mit der Analyse ihres elementarsten Teils, der bereits die wesentlichen Eigenschaften des Ganzen aufweist, beginnen muß; das heißt mit einer Analyse der Existenz eines durchschnittlichen Unternehmens oder einer Einrichtung – kurz, einer Zelle des Kommunismus. In den *Aufzeichnungen* habe ich mich darauf konzentriert, zu zeigen, daß in der Hierarchie der kommunistischen Zellen die entscheidende Rolle dem Büro zufällt, das heißt einer Zelle, die ranghöher ist als die Produktionszellen.

Eine Analyse der kommunistischen Zellen zeigt, daß diese von sehr komplexer Struktur sind. Abgesehen von einer Gliederung der Menschen nach dem Funktionsprinzip ergibt sich auch eine Gliederung nach sozialen Funktionen. In den *Höhen* habe ich viele charakteristische Figuren dargestellt, die Träger solcher Funktionen sind. In den *Aufzeichnungen* findet diese Beschreibung ihre Fortsetzung. Da ist zum Beispiel der »anständige Mensch« dargestellt. Aber das Hauptaugenmerk gilt einer speziellen Kategorie von Individuen, die man offiziell »Abweichler« nennt. Die Bezeichnung gibt genau die Eigenart dieser Individuen und die Einstellung der Gesellschaft zu ihnen wieder.

Abweichlertum – dieses Phänomen der kommunistischen Gesellschaft – ist in höchstem Maße interessant. Ein Abweichler ist nicht unbedingt ein Dissident. Meist hat ein Abweichler gar keine Zeit mehr, zum Dissidenten zu werden. Er ist ein Mitglied der Gesellschaft, das aus dem einen oder anderen Grund in Opposition zu seinem Kollektiv steht. Beispielsweise äußert er zu einer wichtigen Frage eine Meinung, die der des Kollektivs nicht entspricht, und besteht auf dieser. Der durchschnittliche Abweichler verfügt über keine gediegene offizielle Position, ist nicht berühmt, hat keine Beziehungen zu Ausländern, keine Verwandten in hoher Position oder andere Mittel zum Selbstschutz. Er ist gegenüber der Macht des Kollektivs völlig schutzlos. Nachdem das Kollektiv die Hoffnung aufgegeben hat, seinen Widerstand aus eigenen Kräften zu brechen, stößt es ihn aus, und er wird zum Spielball in den Händen des KGB, der Miliz und der lokalen Behörden. Mit Abweichlern rechnet die Gesellschaft gewöhnlich ohne Sensationen ab, ohne daß Außenstehende etwas bemerken. Aber das Interessanteste daran ist das Phänomen, daß die Gesellschaft solche Abweichler braucht. Indem sie sie bekämpft, bringt sie notwendigerweise immer wieder neue hervor. Wozu? Um gegen sie zu kämpfen. Die Abweichler werden als Ritualopfer erzeugt, ohne die eine ideologisch orientierte Gesellschaft nicht auskommen kann. Manchmal werden sie gegen ihren Willen und ganz zufällig zu Abweichlern. Daraus ergibt sich ein Ventil für die im Kollektiv angestaute Unzufriedenheit, doch die Folgen sind so, daß die übrigen Unzufriedenen es nicht wagen, ähnliches zu unternehmen. Die Abrechnung mit dem Abweichler erteilt den Leuten eine anschauliche Lektion und neutralisiert ihre Unzufriedenheit. Das ist das Verblüffende: Die Abweichler bringen eine allgemeine Unzufriedenheit zum Ausdruck, jedoch so, als sei das etwas nur ihnen eigenes, so daß sie von den anderen Unzufriedenen verprügelt werden. Ihre Prügel erhalten sie schon allein dafür, daß sie sich einer Sache erkühnen, zu der den anderen der Mut fehlt. Im übrigen werden gar nicht unbedingt die Unzufriedensten und gar nicht unbedingt Unzufriedene zu Abweichlern. Der von mir dargestellte Typ des Abweichlers wurde es aufgrund seines mutigen Charakters, etwa so, wie an der Front die größten Heldentaten meist nicht von fanatischen Kommunisten, sondern einfach von mutigen und opferbereiten Menschen vollbracht wurden.

Gibt es viele Abweichler? Absolut gesehen ja, aber relativ gesehen sehr wenige. Um es klarer zu formulieren: In der Sowjetunion gibt es in allen Gesellschaftsschichten viele, die unzufrieden sind. Aber diese Tatsache allein sagt noch gar nichts. Die sowjetische Gesellschaft teilt sich, wie schon gesagt, auf natürliche Weise in zahlreiche Zellen auf, in primäre Kollektive. Die meisten von ihnen sind »gesund«, das heißt, sie sind zuverlässig in bezug auf die monolithische Struktur der Gesellschaft, sie befolgen die Anweisungen der Behörden und sie unterstützen die allgemeine Linie der Führung. Zudem sind sie meist politisch »reif« genug – das ist der offizielle Ausdruck –, um sich ohne besondere Souffleurdienste von oben, dank den Eigenaktivitäten der speziell dafür abgerichteten Kollektivmitglieder, richtig zu verhalten. Unzufriedene gibt es in solchen Zellen immer, aber nur vereinzelt reicht ihre Unzufriedenheit bis zum Abweichlertum. Wenn, dann sind sie eine seltene Ausnahme, die das innere Gefüge des Kollektivs nicht sonderlich beeinflussen kann. Einmal aus dem Kollektiv ausgeschlossen, sind sie aufgrund der allgemeinen Lebensbedingungen nicht imstande, autonome lebensfähige Zellen zu bilden, die ihnen das tägliche Brot und einen Schutz geben würden. Schließen sie sich aber zusammen, gilt diese Vereinigung als illegal. Die meisten Abweichler gehen in Einsamkeit zugrunde oder werden an den von den Behörden eigens dafür bestimmten Orten »umerzogen«. Das Schicksal des Abweichlers ist schon im voraus entschieden. Wann und in welcher Form er gebrochen wird, hängt vom Wohlwollen und dem Kalkül der Straforgane und der Machthaber ab. Selbst wenn es sich um einen unbedeutenden Fall handelt und man mit dem Abweichler verhältnismäßig milde umgeht, ist dieser dennoch dem Untergang geweiht. Er wird von Anfang an psychisch zermürbt und kann sich nie mehr ganz aufrichten.

Das Schicksal eines Abweichlers ist, von seiner persönlichen, alltäglichen Existenz her betrachtet, beklagenswert. Die kommunistischen Gesellschaftsverhältnisse durchdringen absolut alle Bereiche des menschlichen Lebens. Sie lassen dem Menschen in seiner Existenz keinen einzigen intimen Winkel, in dem er sich nicht nur als Glied einer Gesellschaft fühlen könnte, in der das Prinzip herrscht: »Die Interessen des Kollektivs gehen denen des Individuums vor«, sondern einfach als Mensch, als ein souveränes Wesen, das sich selbst genügt. Ein Abweichler kann sich nirgends verstecken, nicht nur was seine Arbeit betrifft, sondern auch privat und geistig. Er wird von allen verfolgt – von Verwandten, Freunden und Kollegen. Seine geheimsten Gedanken werden in jedem Fall irgendwann den Behörden bekannt. Selbst wenn es ihm gelingt, eine kleine intime Welt aufzubauen, ist auch sie dem Zerfall preisgegeben, denn die dazugehörenden Leute entsprechen den Anforderungen, die eine derartige Vereinigung an sie stellt, nicht. So kann sich etwa eine illegale Clique von Handwerkern nur dann halten, wenn sie aus Trinkern, Stümpern und geistig primitiven Menschen besteht oder aus Gaunern – jedoch nicht aus hochgebildeten Intellektuellen mit moralischen Prinzipien. Liebesbeziehungen können nur dann leicht und unbeschwert verlaufen, wenn sie auf gegenseitigem Betrug und auf Heuchelei beruhen, und nicht auf der altmodischen Grundlage geistiger Gemeinsamkeit und bedingungsloser gegenseitiger Ergebenheit. Daraus ist nicht zu folgern, daß die übrigen Mitglieder der Gesellschaft, die nicht zu Abweichlern geworden sind, ihre glückliche Intimwelt haben, die der Kontrolle und der Beeinflussung durch die allgemeinen Gesetze des Systems entzogen ist. Eine solche Welt ist für sie noch weniger möglich. Aber sie empfinden das nicht als wichtig, sondern nehmen diesen Zustand als das gewöhnliche, alltägliche Leben hin. Wenn ein Mensch hingegen zum Abweichler geworden ist, klammert er sich wie ein Ertrinkender an einen Strohhalm an die Hoffnung auf eine solche Intimwelt. Er sieht, daß es eine solche nicht gibt, und es bleibt ihm dann nur noch eines übrig: zu warten, daß die Gesellschaft das Opferritual zum vorgesehenen Ende führt. Damit endet auch mein Buch.

München, 21. März 1979

Wirklichkeitstreue und Wahrheit
in der Literatur

Bei der Beurteilung von Werken der zeitgenössischen Literatur empfiehlt es sich, zwei sehr ähnliche und oft verwechselte Begriffe voneinander zu unterscheiden: den Begriff der Wirklichkeitstreue und den der Wahrheit in der Literatur. Der erste bezeichnet Richtigkeit, Vollständigkeit und Tiefenschärfe, mit dem in einem gegebenen Werk diese oder jene Phänomene der Wirklichkeit dargestellt sind. Der zweite Begriff beinhaltet, daß das Werk in seiner Ausführung dem Geist der Zeit entspricht sowie dem Denken und der Sprache der Bevölkerungsschicht des Landes, die das Geschehen der Realität am besten versteht und aktiv miterlebt. Ein literarisches Werk kann wirklichkeitstreu sein, ohne wahr zu sein, und es kann wahr sein, ohne wirklichkeitstreu zu sein. Ein Witz, der in der Nachkriegszeit in Rußland eine Verbreitung ohne Beispiel gefunden hat, kann nicht mit dem Begriff der Wirklichkeitstreue charakterisiert werden, aber vom Standpunkt der Wahrheit seiner Aussage her verdient er höchstes Lob. Enthüllende und kritische Literatur, wie sie sich derzeit als gewaltige Flut über den russischen Leser ergießt – ob über offiziell zugelassene oder illegale Kanäle – verdient vielleicht hinsichtlich ihrer Wirklichkeitstreue hohe Wertschätzung, kann aber (von seltenen Ausnahmen abgesehen) nicht als Muster einer Wahrheit gelten. Diese Literatur spielt eine außerordentlich wichtige soziale Rolle, wirft jedoch, rein literarisch gesehen, die russische Literatur in die Vergangenheit zurück, zu längst überlebten Lesebuchmustern.

Die Einteilung der literarischen Werke nach Wirklichkeitstreue und Wahrheit fällt in Rußland keineswegs mit jener in legale (also jene, die die Zensur passiert hat) und illegale Literatur zusammen. Viele Mitglieder des Sowjetischen Schriftstellerverbandes schrieben und schreiben Werke, die *in puncto* Wirklichkeitstreue denen von Solschenizyn und Schalamow nicht nachstehen. Beispielsweise Schukschin, Trifonow, Rasputin, Astafjew, Bjelow, Bitow und andere. Und jetzt einige russische Schriftsteller, deren Werke Wahrheit auszeichnet: Babel, Oljescha, Platonow, Bulgakow, Ilf und Petrow, Soschtschenko, Tynjanow, Bjelinkow, Wladimow, Wojnowitsch, Erofejew, Bokow, Okudschawa, Galitsch, Wysotzkij... Die einen von ihnen konnten sich offizieller Wertschätzung erfreuen, die anderen wurden toleriert, wieder andere abgelehnt.

Keinesfalls kann man Wirklichkeitstreue und Wahrheit in der Literatur einander gegenüberstellen. Der optimale Effekt stellt sich dann ein, wenn eine harmonische Verbindung der einen mit der anderen Eigenschaft zustandekommt, wie dies beispielsweise in so bedeutenden Werken der modernen russischen Prosa der Fall ist, wie Wladimows *Treuer Ruslan*, Erofejews *Moskwa-Pe-*

tuschki, Schalamows *Kolymer Erzählungen*. Ich bestehe nur auf der Unterscheidung dieser beiden Begriffe und möchte zudem darauf hinweisen, daß der Aspekt der Wahrheit für den gegenwärtigen russischen Leser und Hörer nicht weniger wichtig geworden ist als jener der Wirklichkeitstreue. Vielleicht sogar noch wichtiger, denn mit Wirklichkeitstreue ist er mehr als gesättigt. Ich sagte vorhin »Hörer«, weil in Rußland die mündlich tradierte Volksdichtung eine sehr große Rolle spielt und in der literarischen Qualität der schriftlich fixierten Literatur nicht nachsteht.

München, April 1979

Über Stalin und den Stalinismus

Die Maus, die der Berg gebar

Eine Beurteilung der Persönlichkeit Stalins ist nicht denkbar ohne eine Beurteilung der Epoche, die mit seinem Namen untrennbar verbunden ist – der Epoche des Stalinismus. Was wäre Stalin ohne den Stalinismus? Ein kleiner Mann von niedrigem Wuchs. Ein stümperhafter Seminarist ohne Abschluß. Einer mit Narben im Gesicht. Mit grusinischem Akzent. Einer, der tückisch, rachsüchtig und grausam war. Dessen Finger fettige Abdrücke auf den Buchseiten hinterließen ... Aber ist dies nicht etwas zu dürftig, um einen Menschen zu charakterisieren, der über Verstand und Herz von Millionen herrschte und heute noch herrscht?! Nach dem Sturm von Enthüllungen, der die Greuel der Stalinzeit aufdeckte – er begann mit der berühmten Rede von Chruschtschow und erreichte seinen Höhepunkt mit dem Erscheinen des nicht minder berühmten *Archipelag Gulag* von Solschenizyn –, verfestigte sich die Ansicht, wonach die Stalinzeit ausschließlich eine Zeit der Greueltaten, ein schwarzer Einschnitt im historischen Ablauf und Stalin selbst der schlimmste Übeltäter der Menschheitsgeschichte gewesen sei. Infolgedessen wird heute nur die Entlarvung der Plagen des Stalinismus sowie diejenige der Defekte seines Initiators für Wahrheit gehalten. Umgekehrt gelten die Versuche einer mehr oder weniger objektiven Beurteilung dieser Zeit und der Persönlichkeit Stalins als Apologie des Stalinismus ... Dennoch wage ich es, von der kritisch-entlarvenden Linie abzuweichen und etwas zur Verteidigung ... nein, nicht Stalins und des Stalinismus, sondern des Verfahrens vorzubringen, das ein objektives Verständnis dieser Phänomene ermöglicht. Die Zeit, da man auf dieses Thema emotional reagierte, ist vorbei. Es ist eine andere Zeit herangereift, in der es nicht mehr darum geht, das Verbrechen nur zu entlarven, sondern über sein Wesen und seine geschichtlichen Ursprünge nachzudenken. Ist dieses Verbrechen der dunklen Seele einer Gruppe von Missetätern entsprungen, als eine Art Abweichung von den wohlanständigen Normen der Menschheitsgeschichte, oder aber dient es der Menschheit als lehrreiches Beispiel dafür, was unausweichlich passieren muß, wenn die lichtesten Ideale und Träume der Menschheit Wirklichkeit werden – das ist die Frage.

Außerdem, scheint mir, habe ich auch ein moralisches Recht, ein solches Risiko einzugehen. Seit meiner Jugend empfand ich keinerlei Sympathien für Stalin und den Stalinismus. Schon 1939 protestierte ich öffentlich gegen den Stalinkult, was zur Folge hatte, daß ich aus dem Komsomol und dem Institut ausgeschlossen, zwecks Überwachung in eine Psychiatrische Klinik eingewiesen und anschließend in die Lubjanka überführt wurde. In der Klinik erklärte man mich für psychisch gesund, was man in der liberalen Nachstalinzeit nicht getan hätte.

Den Fängen des Staatssicherheitsdienstes aber konnte ich entkommen. Bis zum Zeitpunkt von Chruschtschows Rede hielt ich die antistalinistische Propaganda für meine heimliche Berufung. Ich muß aber gestehen, daß ich diesbezüglich keineswegs ein Sonderfall war. In der Chruschtschow-Zeit dann nahmen die ehemals leidenschaftlichsten Stalinisten die Kritik des Stalinismus in die Hand, und mein Antistalinismus verlor seinen Sinn. Ich erlangte die Fähigkeit, ihm ruhig zu begegnen, das heißt nicht mit Haß, sondern mit Verachtung.

Ein Volksführer

Meine Mutter aber bewahrte bis zu ihrem Tod (sie starb im Jahre 1969) ein Porträt Stalins in der Bibel auf. Dabei hatte sie die ganzen Greuel der Kollektivierung, des Krieges und der Nachkriegsjahre durchlebt. Würde ich im einzelnen beschreiben, was sie durchmachen mußte, der westliche Leser würde mir nicht glauben. Und dennoch bewahrte sie ein Porträt Stalins auf. Weshalb? Die Antwort auf diese Frage liefert den Schlüssel zum Verständnis der Wesensart des Stalinismus. Die Sache ist die, daß der Stalinismus, ungeachtet aller Greuel, eine echte Volksherrschaft, eine Volksherrschaft im tiefsten (ich sage nicht: im besten) Sinne des Wortes, und Stalin selbst ein echter Volksführer war. Volksherrschaft – das ist nicht unbedingt etwas Gutes. Die Bestialitäten des

Stalinismus waren ein charakteristischer Ausdruck der Volksherrschaft in jener Zeit. Dem widerspricht keineswegs, daß diese Volksherrschaft gleichzeitig auch eine Unterdrückung des Volkes darstellte. Der Volksführer – das ist nicht unbedingt ein weiser und guter Mensch. Bisweilen sind die Volksführer unverbesserliche Schufte, welche das Volk zutiefst verachten, da sie die Volksmassen aus der Praxis und nicht nur aus Büchern und Doktrinen kennen. Stalin – nicht Lenin – war ein Volksführer, denn Lenin hatte zu wenige der schändlichen Eigenschaften, die Stalin zugeschrieben werden, um ein Volksführer zu werden.

Will man die Frage nach dem Wesen des Stalinismus beantworten, muß man zunächst festhalten, wessen Interessen Stalin vertrat und wer ihm folgte. Weshalb bewahrte meine Mutter ein Porträt Stalins auf? Sie war Bäuerin. Bis zur Kollektivierung hatte unsere Familie nicht schlecht gelebt, doch wie teuer mußte sie sich das erkaufen! Harte Arbeit vom Morgengrauen bis zum Sonnenuntergang. Und was für Aussichten hatten die Kinder (meine Mutter hatte elf Kinder geboren!)? Sie konnten nur Bauern werden, oder im besten Falle Handwerker. Dann begann die Kollektivierung. Die Verwüstung des Landes. Die Flucht der Bevölkerung in die Stadt. Und das Ergebnis? In unserer Familie wurde der eine Sohn Professor, der andere Fabrikdirektor, der dritte Oberst, und drei wurden Ingenieure. Vergleichbares geschah in Millionen anderer Familien. Ich will hier keine wertenden Ausdrücke wie »schlecht« oder

»gut« gebrauchen. Ich will nur sagen, daß zu dieser Zeit in unserem Lande etwas vor sich ging, was es in der ganzen Menschheitsgeschichte noch nie gegeben hatte: Millionen von Menschen stiegen aus den Niederungen der Gesellschaft auf und wurden zu Handwerkern, Ingenieuren, Lehrern, Ärzten, Künstlern, Offizieren, Wissenschaftern, Schriftstellern, Direktoren u. ä. Was hier nicht interessiert, ist die Frage, ob Entsprechendes in Rußland auch ohne den Stalinismus hätte geschehen können. Für die am Prozeß Beteiligten jedenfalls ist es faktisch zur Zeit des Stalinismus und – wie es schien – dank diesem geschehen. Tatsächlich hat der Stalinismus in manchem zu dieser Entwicklung beigetragen. Und all diese Millionen von Menschen, die weitere Millionen in die Sphäre ihrer Erfahrungen hineinzogen, wurden zur Stütze und Stoßkraft des Stalinismus.

Die realen Gesellschaften

Freilich spielten nicht nur ihre realen Erfolge, sondern auch ihre Illusionen eine maßgebliche Rolle. Illusionen nicht in bezug auf marxistische Märchen (an sie glaubten nur wenige), sondern in bezug auf ganz gewöhnliche Dinge: die Verbesserung der Lebensbedingungen und der zwischenmenschlichen Beziehungen. Für mich und viele meiner Altersgenossen waren eine saubere Pritsche und drei Mahlzeiten pro Tag der Gipfel aller Sehnsüchte. Obwohl viele von uns nicht an die marxistischen Märchen glaubten und das Wesen des realen Kommunismus begriffen hatten, hofften wir doch auf ein eigenes Bett und auf sättigende Mahlzeiten. Diese Hoffnungen überwogen unsere negative Einstellung zur entstehenden Gesellschaft. Ob wir es wollten oder nicht, sie verbanden sich mit dem Namen Stalins. Bei der Beurteilung einer Persönlichkeit genügt es nicht, ihre subjektiven Eigenschaften zu berücksichtigen, man muß auch in Betracht ziehen, wie sich diese im Bewußtsein der Umwelt spiegeln. Stalin erschien im Bewußtsein der Umwelt nicht nur, und nicht so sehr, als Schurke, sondern vielmehr als Symbol dieses großen Prozesses. Dabei aber handelte es sich um eine seriöse Angelegenheit, und nicht einfach um die Unterdrückung des guten, betrogenen Volkes durch eine Gruppe von grausamen Missetätern. Das Volk wurde nicht betrogen. Man vergesse nicht, daß an den Massenrepressionen der Stalinzeit, unter denen Millionen einfacher Leute zu leiden hatten, Millionen anderer einfacher Leute aktiv teilnahmen. Die gleichen Menschen spielten oft die Rolle von Henker und Opfer. Auch diese Repressionen waren eine Manifestation der Eigeninitiative der breiten Bevölkerungsmassen. Und heute fällt es schwer herauszufinden, wessen Anteil größer war – der Anteil der höchsten Missetäter, mit Stalin an der Spitze, oder aber der Anteil dieser breiten, angeblich betrogenen Bevölkerungsmassen. Um dieses Thema abzuschließen, will ich noch einen ketzerischen Gedanken äußern. Die Opfer des Stalinismus – das ist nur die halbe Wahrheit über ihn. Die andere Hälfte besteht darin, daß die Opfer Mittäter und Helfershelfer ihrer Henker waren. Die Opfer waren der Epoche adäquat, die sie hervorgebracht hat. Was die Entstehungszeit des Kommunismus so grauenhaft erscheinen läßt, sind nicht so sehr die Opfer als die Tatsache, daß ein Menschentyp bevorzugt und ausgewählt wurde und sich schließlich auch durchsetzte, der bereit war, sich selber zu opfern und andere zu seinen Opfern zu machen. Stalin war der markanteste Repräsentant dieser psychologischen Revolution. Mir scheint, daß die Stalinschen Repressionen Stalin mehr göttliche Verehrung einbrachten als seine unbeugsame Politik der jährlichen minimalen Preissenkungen von Lebensmittelprodukten.

Stalin war ein Nachfolger Lenins, der Stalinismus ein Nachfolger des Leninismus. Es herrschen unterschiedliche Meinungen über ihre Wechselbeziehungen. Die einen behaupten, Stalin habe als treuer Schüler Lenins dessen Werk fortgesetzt. Die andern behaupten, Stalin habe das Werk Lenins verraten. Ich glaube, daß die einen wie die andern auf ihre Art recht haben. Doch gibt es einen andern Gesichtspunkt, der für die Charakterisierung Stalins und des Stalinismus weit wichtiger erscheint. Ich unterscheide zwei Strömungen in jenem Lebensstrom, der sich in der Sowjetunion nach der Revolution rasch ausbreitete, und zwar: eine historisch-konkrete Strömung sowie eine allgemeinsoziologische Strömung. Zur ersten gehörten Leute, die Panzerkreuzer bestiegen, Ge-

wehre schwangen, Telephonzentralen besetzten, Erschie-
ßungen durchführten, mit gezücktem Säbel und Hurra-
rufen nackt durch die Gegend stürmten ... Das spielte
sich vor aller Augen ab. Die andere Strömung aber ließ
zu der Zeit still und unbemerkt ein neues Kind heran-
wachsen – die künftige kommunistische Gesellschaft. Sie
wuchs auf denkbar prosaische Art: Es wurden unzählige
Büros und Ämter geschaffen, der Machtapparat wurde
größer und differenzierter und streckte seine Fühler in
jede kleinste Zelle der Gesellschaft, es wurden Ränge
vergeben und Lebensgüter verteilt ... Als die Lawine
der dramatischen Geschichte in die Vergangenheit ent-
schwand und der aufgewirbelte Staub sich setzte, wurde
klar, wofür da in Wirklichkeit Reden vorgetragen,
Hurrarufe ausgestoßen worden waren und Klingen ge-
blitzt hatten. Die reale neue Gesellschaft mit ihrem alles
durchdringenden Macht- und Verwaltungssystem war
schon im Entstehen begriffen und schob ihre wirklichen
Exponenten in die Arena der Geschichte. Lenin und
seine Garde bildeten die erste Strömung dieses Prozesses, Stalin mit seinen Helfershelfern die zweite.

Warum verwendet man, wenn von Lenin die Rede
ist, das Wort »Garde«, in bezug auf Stalin aber das
Wort »Helfershelfer«? Mit dem Namen Lenins verbindet sich lediglich die vorrevolutionäre Periode in der
Geschichte der Partei sowie die Periode, da das Land
um sein physisches Überleben kämpfte, den Keim der
neuen Gesellschaft im Leib. Mit dem Namen Stalins aber
verbindet sich die Etablierung der neuen Gesellschaft,

die Verwandlung des schwachen Embryos in ein starkes, reifes Geschöpf. Ich unterscheide: Stark heißt nicht unbedingt gut. Das Krokodil ist bekanntlich stark, doch Annehmlichkeiten bietet es keine, einmal davon abgesehen, daß seine Haut der Herstellung von Damentaschen dient. Lenin ist die Vorgeschichte des realen Kommunismus. Die reale, eigentliche Geschichte des Kommunismus beginnt mit Stalin. Dadurch – und nicht etwa durch negative Charaktereigenschaften – erklärt sich der Sieg Stalins und seiner Helfershelfer (keiner Garde, freilich) über Trotzki, Sinowjew, Bucharin und andere Schwätzer aus der Garde Lenins (versteht sich). Es geht hier nicht um die Intelligenz der einen (Stalin, heißt es, sei um einiges dümmer gewesen als Trotzki) oder um die Dummheit der andern (Trotzki, heißt es, sei um einiges intelligenter gewesen als Stalin). Es geht um das Zusammentreffen der Umstände. Es geht um die Frage, was für soziale Kräfte damals die Arena der Geschichte betraten und die Initiative über Millionen von Lebenszellen einer gigantischen Gesellschaft ergriffen.

Der Stalinismus, nicht der Leninismus, ist die vollkommenste Manifestation der Wesensart des Kommunismus. Der Leninismus ist nur eine Vorstufe zum Stalinismus, ist lediglich dessen Keim, oder genauer – der Ort, wo dieser Keim heranwuchs. Und es traf ihn jenes Los, das er historisch verdient hat. Übrigens hatte ich unlängst Gelegenheit, einige Werke der oben genannten Gegner Stalins wiederzulesen. Und ich konnte darin keinerlei intellektuelle Vorzüge gegenüber Stalin erkennen. Damit will ich nicht sagen, Stalin sei intelligent gewesen. Ich will nur sagen, daß seine Gegner nicht intelligenter waren als er.

Sind wir schon bei der Intelligenz, so ist es an der Zeit, ein paar Worte über Stalin als Theoretiker zu sagen. Es wird allgemein gesagt, Stalin habe den Marxismus vulgarisiert. Doch man frage anders herum: Was haben denn die sowjetischen Philosophen nach Stalins Tod Neues in den Marxismus eingebracht, abgesehen von ihren Phrasen und Belanglosigkeiten? Versucht man, unvoreingenommen auf diese Frage zu antworten, werden einem vielleicht Zweifel an der Berechtigung des Wortes »Vulgarisierung« aufkommen. Selbstverständlich hat eine gewisse Vulgarisierung einzelner Gedanken der Begründer des Marxismus stattgefunden. Doch war es nur das? Und war es wirklich eine Vulgarisierung? Von Vulgarisierung kann man nur reden, wenn die primären Quellen von höchster (oder tiefster?) Weisheit sind. Betrachtet man hingegen unsere Quellen, genau und nach wissenschaftlichen Kriterien, so zeigt sich, daß es da gar nichts zu vulgarisieren gab. Es konnte nur darum gehen, einige Worthüllen zu entfernen, einige Dinge leichter verdaulich zu machen, indem man sie in einer normalen, allgemeinverständlichen Sprache nacherzählte. Was heißt hier also vulgarisieren? . . .

Ich weiß nicht, ob Stalin selbst der Autor der ihm zuge-
schriebenen Werke war. Doch eines weiß ich mit Be-
stimmtheit: Stalins Werke waren jene lebendige Maus,
die der Berg des Marxismus gezeugt hat. Aus diesem
war für die Bedürfnisse der großen ideologischen Revolution, die im Lande stattfand, einfach nicht mehr her-
auszuholen. Als ideologische Texte aber, bestimmt für
eine millionenfache Bevölkerungsmasse von äußerst
niedrigem kulturellem Niveau, eigneten sich Stalins
Werke besser als alles andere, was der Marxismus je
hervorgebracht hat. Die Stalin zugeschriebene Arbeit
Über den dialektischen und historischen Materialismus
war in Wirklichkeit der Gipfel des Marxismus als Ideologie. Und bis heute liegen der ideologischen Arbeit in
der Sowjetunion faktisch durchwegs die Resultate jener
ideologischen Revolution zugrunde, die im Namen Stalins durchgeführt worden war. Wer den tiefsten Gehalt
der marxistischen Lehre erfassen will, der lese die Werke
Stalins. Es ist eine absurde Illusion zu glauben, der
Marxismus berge in sich irgendwelche intellektuellen
Finessen oder Spitzfindigkeiten, die die Vulgarisatoren
verschwiegen oder entstellt hätten; als ob es einen authen-
tischen Marxismus gäbe, der nichts mit den düsteren
Erscheinungsformen des Marxismus als Staatsideologie
einer kommunistischen Gesellschaft zu tun hat. Natürlich
ist in den Werken der Begründer des Marxismus etwas
enthalten, das man als Phänomen einer hohen geistigen

Kultur bezeichnen könnte. Aber dieses gewisse »Etwas«
ist nicht ein spezifisches Produkt des Marxismus. Es ist
Vorläufern und Zeitgenossen entlehnt, und zwar gerade
solchen, mit denen der Marxismus abgerechnet hat. Die
»Pogrome«, die Marx, Engels und Lenin in ihren Werken gegen ihre Gegner veranstalteten, dienten auf ihre
Art als Vorbereitung für die Stalinschen Pogrome in der
realen kommunistischen Gesellschaft, die unter dem ideologischen Banner des Marxismus gesiegt hatte. Stalin war
der authentischste und treueste Marxist. Weist man ihm
die Rolle des Teufels im hehren Kreis der Engel des
Marxismus zu, so wird dadurch nicht ein vermeintlich
reiner Marxismus von den dunklen Flecken des Stalinismus gesäubert, sondern es wird lediglich das wahre Wesen des Marxismus kaschiert, wie es gerade von Stalin
und seinen Mitstreitern erstaunlich vollständig und klar
offenbart wurde.

In der Stalinzeit bildeten sich sämtliche Organe des
kommunistischen Organismus heraus, wurden deren
Funktionen bestimmt sowie alle Verhaltensrituale und
-modelle festgelegt. Nach Stalins Tod kam es natürlich
zu gewissen Veränderungen. Chruschtschow, zum Beispiel, flüchtete sich in eine beängstigende Geschwätzigkeit, wie sie Stalin völlig fremd gewesen war, und hetzte
durch die ganze Welt. Aber die Gestalt Stalins herrschte
dennoch über sein Bewußtsein. Breschnew seinerseits
prätendiert auf die Rolle eines zweiten Lenin Iljitsch.
An Geschwätzigkeit und Tatendrang übertrifft er sogar
Chruschtschow, wiewohl, seinen Reden nach zu urteilen,

ihm eher die Stalinsche Variante entspräche. Aber man muß kein Spezialist auf dem Gebiet der Psychoanalyse sein, um wahrzunehmen, daß die Gestalt Stalins Breschnew schon von Kind auf beherrschte. Bekanntlich enthüllte Chruschtschow die Greuel des Stalinismus, und Breschnew schreckt vor Massenrepressionen, auch gegen Dissidenten, nicht zurück – was es in der Stalinzeit nie gegeben hat.

Inwiefern sind hier Charaktereigenschaften im Spiel? Antistalinistische Stimmungen machten sich im Lande und in der Partei schon lange vor Chruschtschows Rede bemerkbar. Sie war eher die Bilanz der vorangegangenen als der Anfang einer neuen Epoche. Sie war das Signal der neuen Geschichte, nicht aber ihr Beweggrund. Die Beweggründe blieben verborgen. Von ihnen sprechen nicht einmal die Dissidenten. Und auch Breschnews »Liberalismus« wurzelt nicht in der Persönlichkeit Breschnews. Er bezweckt vielmehr die Konsolidierung der Macht jener herrschenden Schichten der Sowjetgesellschaft, die sich erst nach Stalins Tod in Sicherheit fühlten.

In der Sowjetunion wird offiziell behauptet, während der Stalinzeit seien die Normen der Partei verletzt worden, doch heute käme solches nicht mehr vor. Allerdings werden immer wieder kritische Stimmen laut. »Nichts dergleichen!« verkünden sie. »Die betreffenden Normen werden auch heute verletzt!« Wenn es im Land schlecht stehe, so deshalb, weil Normen verletzt würden. Doch genau wie der offizielle Standpunkt ist auch diese Kritik unter den gegebenen Umständen sinnlos. Zur Zeit geht es dem Lande nicht wegen der Verletzung von Normen schlecht, sondern im Gegenteil wegen deren äußerst strikter Befolgung. Auch handelt es sich nicht darum, ob Normen beachtet werden oder nicht, sondern um die Frage, was diese Normen überhaupt darstellen.

Keine verletzten Normen

Diese Normen wurden in der Stalinzeit geschaffen und zementiert. Es verhält sich nicht so, daß es schon bestimmte Normen gab, als Stalin mit seiner Bande kam und sie verletzte. Als Stalin kam, gab es noch keine solchen Normen. Vielmehr entstanden sie und konstituierten sich in jenem schrecklichen Prozeß, der später als Verletzung ebendieser Normen gedeutet wurde. Doch kann man nicht verletzen, was es nicht gibt. Der Prozeß der Konstituierung einer Gesellschaft hat nun einmal seine Normen, aus welchen dann die Normen der entstandenen Gesellschaft abgeleitet werden. Die ganze Stalinzeit verlief in genauer Übereinstimmung mit den ersteren.

Heute befürchten viele eine Rückkehr des Landes zum Stalinismus und bringen dies mit der angeblich bevorstehenden Rehabilitierung Stalins in Verbindung. Solche Befürchtungen sind unbegründet. Sollte es auch zu einer Rehabilitierung kommen, so wird sie eine halbe Sache sein. Die jetzigen Führer des Kommunismus haben, wie es so heißt, selber auch einen Schnurrbart und wären nicht abgeneigt, Genies aller Zeiten und Länder zu werden. Doch warum sollen sie hierfür die Rivalen aus der schrecklichen Vergangenheit auferstehen lassen? Ferner haben die breiten Bevölkerungsmassen keine Macht mehr über ihre Nächsten wie in der Stalinzeit. Die Epoche der ungestümen Volksherrschaft ist zum Glück beendet. Ohne Eigenaktivität der Bevölkerungsmasse ist aber kein Stalinismus möglich.

Damit will ich nicht sagen, daß es in der Sowjetunion nicht zu einer Verschlechterung des Lebens kommen könnte. Im Gegenteil, eine solche Verschlechterung ist sogar sehr wahrscheinlich. Aber nicht jede Verschlechterung bedeutet eine Rückkehr zu Früherem. Eine Verschlechterung ist auch möglich auf dem Weg des unaufhaltsamen Fortschritts der sowjetischen Gesellschaft zu den lichten Idealen des Kommunismus. Der Horror, dem das sowjetische Volk entgegensteuert, wird ein neuer schöpferischer Beitrag zur ruhmvollen Geschichte des Kommunismus sein.

Zur Charakterisierung einer Persönlichkeit gehört alles, was mit ihr zusammenhängt. Gerüchte, Klatsch, Legenden. Sogar Witze. Man beachte folgende Tatsache: Über Lenin entstand eine ganze Reihe von Witzen, in denen Lenin komisch erscheint. Es gibt auch viele Witze über Stalin. Aber Stalin wirkt darin nie lächerlich. Stalin eignet sich aus irgendeinem Grund schlecht für Scherze. Chruschtschow ist komisch. Breschnew ist komisch. Stalin nicht. Heutzutage braucht ihn niemand mehr zu fürchten: also lache, soviel du willst! Es will aber nicht gelingen. Man munkelt, Stalin sei ermordet worden. Ich selber glaube nicht an dieses Gerücht. Viel eher verhielt es sich so, daß Stalin starb und seine Mitstreiter nicht wagten, sich dem Toten zu nähern. Sie waren erbärmliche, feige Nullen und Schurken. Und er selbst war unter ihnen die hervorragendste Null und der hervorragendste Schurke. Doch strebte er danach, das kommunistische Paradies auf Erden zu errichten und alle Menschen darauf vorzubereiten. Und wenn diese Idee die schlimmsten Greuel erzeugte, so geschah das, weil die nicht unter Kontrolle stehende Geschichte sich einen Scherz erlaubte, nicht aber wegen der bösen Absicht eines Schurken. Das Verbrechertum verträgt sich bestens mit den lichten Idealen. Werden diese teuer bezahlt, werden sie sogar noch lichter. Stalin und seine Helfershelfer (keine Garde, freilich) waren Schurken, aber ihr Verbrechertum war besonderer Art: Es war ein soziales Verbrechertum. Aus sämtlichen Poren der sowjetischen Gesellschaft ausgeschwitzt. Dem normalen Leben entsprungen. Ein logisches Produkt der lichten Ideale.

Kurz, Stalin war dem historischen Prozeß adäquat, der ihn hervorgebracht hat. Nicht er brachte diesen Prozeß in Gang, er drückte ihm lediglich seinen Stempel auf, gab ihm seinen Namen und seine Psychologie. Darin bestand seine Stärke und Größe. Es ist nicht ausgeschlossen, daß die Jugend sich einst nach der Stalinzeit zurücksehnen wird. Das Volk – das gleiche, das angeblich betrogen und vergewaltigt worden war – sehnt sich schon jetzt nach ihr zurück und quittiert die Erwähnung von Stalins Namen mit Beifall. Doch die gegenwärtigen Führer des Landes sowie die herrschenden Klassen werden das Erscheinen eines neuen Stalin kaum zulassen – wäre es doch eine neue Bedrohung ihres Wohlstands und ihrer Sicherheit.

Ein Jahr im Westen

Interview für Radio Liberty

I. Kanewskaja: Heute ist Alexander Alexandrowitsch Sinowjew bei uns zu Gast, Autor bedeutender Bücher, die einen Triumphzug durch die ganze Welt angetreten haben: *Gähnende Höhen, Lichte Zukunft, Aufzeichnungen eines Nachtwächters* und ein erst vor ganz kurzem erschienenes Buch, das – wie ich glaube – auf nicht weniger Interesse stoßen wird, *Im Vorhof zum Paradies.* Alexander Alexandrowitsch! Sie haben die Sowjetunion am 6. August 1978 verlassen. Wie Sie in der Folge erfuhren, hat Breschnew am 25. August einen Erlaß unterschrieben, mit dem Ihnen Ihre Staatsbürgerschaft entzogen wurde. Also wurde dieser Beschluß bereits zu einem Zeitpunkt gefaßt, als Sie noch in Moskau waren. Demnach ist Ihre Ausreise praktisch eine Verbannung?

A. Sinowjew: Sicher, so kann man meine Ausreise auch betrachten. Aber das ist eigentlich gar nicht notwendig. Es war für die Machthaber eben bequemer, sich meiner auf diese Weise zu entledigen. Ich wollte in Ruhe leben, meine Familie erhalten, arbeiten, meine Verwandten und Freunde von den Sorgen befreien, die sie wegen mir hatten. Also war dieser Beschluß der Behörden eigentlich auch in meinem Interesse.

I. K.: Manche ehemalige Sowjetbürger wollen nicht

als Emigranten gelten, da ihre Ausreise erzwungen war. Wie stellen Sie sich dazu?

A. S.: Das ist eine rein terminologische Frage. Im eigentlichen Sinne des Wortes bin ich ein Emigrant. Ich empfinde für mich selbst an dieser Bezeichnung nichts Erniedrigendes. Meine Überzeugungen und der Charakter meiner Tätigkeit hängen in keiner Weise davon ab, in welchem Land ich lebe und welchen Paß ich besitze.

I. K.: Aber wie für jeden von uns, war dieses Ereignis für Sie und Ihre Familie doch sehr schmerzhaft. Was würden Sie sagen: Was halten Sie in Ihrer neuen Situation für den größten Verlust und was für den wichtigsten Gewinn?

A. S.: Zunächst haben wir das gewohnte Existenzmilieu verloren, die erworbenen Positionen, die Verwandten, Freunde, das Material unserer Beobachtungen. Das waren allerdings empfindliche Verluste. Hätte ich in Moskau wenigstens zweihundert Rubel im Monat und gewisse Sicherheitsgarantien gehabt, ich hätte die Stadt nicht verlassen. Ich habe die Emigration lediglich als die bessere von zwei Möglichkeiten des Weiterexistierens akzeptiert. Die zweite wäre nämlich das Gefängnis gewesen. Die Gewinne liegen daher auf der Hand. Ich befinde mich nicht im Gefängnis, sondern in Freiheit. Die Lebensbedingungen hier im Westen sind besser als die in Moskau. Dazu kommt noch die Möglichkeit der freien Betätigung, die Bewegungsfreiheit, die Möglichkeit, am kulturellen Leben teilzunehmen, die westliche Gesellschaft mit eigenen Augen zu beobachten.

Mein sozialer Status ist im Vergleich zu meiner früheren Existenz enorm gestiegen.

I. K.: Sie sprechen von der Möglichkeit, das westliche Leben zu beobachten. Sie hatten dazu nun ein ganzes Jahr zur Verfügung. Was können Sie über das sagen, was Sie gesehen haben?

A. S.: Ich habe nichts für mich grundsätzlich Neues oder Unerwartetes entdecken können. Der Westen ist so, wie ich ihn mir vorgestellt hatte. Und doch ist alles neu und unerwartet, da man mit der westlichen Lebensweise erstmals unmittelbar konfrontiert ist. Ich mache mir in bezug auf das westliche Leben keine Illusionen und sehe dessen Unzulänglichkeiten durchaus. Aber es ist das beste, was es in der bisherigen Geschichte der Menschheit gegeben hat und derzeit auf der Welt gibt. Der Westen ist zu einer schöpferischen Entwicklung der Zivilisation fähig und hat die Kraft, sich zu behaupten.

I. K.: Jedermann, insbesondere aber der Emigrant, hegt gewisse Ängste in bezug auf seine Zukunft. Ist das auch bei Ihnen der Fall? Sind Sie hinsichtlich Ihrer Zukunft bis zu einem gewissen Grad beunruhigt?

A. S.: Ich habe die Position ganz verloren, die ich nach langjährigen Anstrengungen erreicht hatte und die mir für meine Zukunft eine innere Sicherheit gegeben hatte. Aber ich bedaure das nicht. Wenn ich etwa im voraus gewußt hätte, daß ich für meine Bücher mit dem Leben bezahlen müßte, so hätte ich doch nicht aufgehört zu schreiben. Als ich die *Höhen* geschrieben und veröffentlicht hatte, schob ich das Problem der Zukunft überhaupt von mir weg. Jetzt fühle ich mich wie ein Mensch, der sein Leben von vorne beginnt, und ich spüre in mir genug Kräfte für dieses neue Leben, wie kurz oder lang, leicht oder schwierig es auch sein sollte.

I. K.: Viele sowjetische Emigranten fühlen sich in diesem neuen Leben fremd. Sie leben in geschlossenen Emigrantenghettos. Sie sind von der einheimischen Bevölkerung isoliert, stoßen durch Gott weiß welche Macht aufeinander und bilden ihre, ich würde sagen, kleinen Inseln des früheren Lebens. Und wie leben Sie hier? Von welchen Menschen sind Sie umgeben und von wem möchten Sie umgeben sein?

A. S.: Ich und meine Familie haben diesbezüglich keine besonderen Probleme. Ich war auch in Moskau bekanntermaßen ein Mensch, der abseits der Gesellschaft lebte. Das entsprach meinen Überzeugungen, und auch hier leide ich keineswegs darunter, keine ständigen engen Kontakte mit der russischen und sowjetischen Emigration zu haben. Wir sind auch in der lokalen Gesellschaft nicht mit allzu festen Kontakten verankert und nehmen in dieser eine isolierte Stellung ein. Zugleich aber haben wir zu den Menschen hier ein ausgezeichnetes Verhältnis. Wir haben viele gute Freunde in ganz Europa. Die europäische Art einer Freundschaft, die die nötige Distanz bewahrt, sagt uns weit mehr zu als die sowjetische Intimität, die üblicherweise in Grobheit und Gemeinheit ausartet.

I. K.: Dieses Jahr, Ihr erstes im Westen, war für Sie ein Jahr intensivster Arbeit. Nicht nur für Sie, sondern auch für Ihre ganze Familie. Sie haben viel geschrieben, sind in allen Ländern Europas gewesen, in Amerika, haben sehr viele Vorträge gehalten, Begegnungen mit Lesern haben stattgefunden, Logikvorlesungen in deutscher und englischer Sprache. Ihre Tochter Polina hat mit der deutschen Schule angefangen, ohne auch nur ein Wort Deutsch zu können. Aber bald haben die Lehrer vorgeschlagen, sie in die nächsthöhere Klasse gehen zu lassen. Ihre Frau Olga hatte eine so große Belastung zu tragen, daß man sich fragt, wie ein einzelner Mensch das alles überhaupt bewältigen kann. Sie hat Ihre Arbeiten zum Druck vorbereitet, Ihre Korrespondenz geführt, sich um die Tochter gekümmert, um den Haushalt, die Besucher empfangen – mit einem Wort, eine sehr schwierige Aufgabe übernommen. Wie schätzen Sie selbst dieses Jahr ein?

A. S.: Dieses Jahr war für uns ein Jahr harter Arbeit. Ich will es nicht verhehlen: sich an eine neue Lebensform zu gewöhnen und sich fremde Sprachen anzueignen ist eine Zwangsarbeit. Aber wir haben alle mit großer Freude gearbeitet und sind mit den Ergebnissen dieses Jahres vollkommen zufrieden. Wir konnten uns auch bestens erholen. Museen und Konzerte haben wir in diesem einen Jahr mehr besucht als in zehn Jahren in Moskau.

I. K.: Dieses Jahr war also nicht nur sehr mühsam, sondern auch außerordentlich fruchtbar und erfolgreich. Übersetzungen Ihrer Bücher sind in Frankreich, Italien, England, Amerika, Deutschland, Spanien und in der

Schweiz erschienen und kommen noch in weiteren Sprachen und Ländern heraus. Wie vorhin erwähnt, sind jetzt in russischer Sprache zwei neue Bücher erschienen, die *Aufzeichnungen eines Nachtwächters* und gerade in diesen Tagen *Im Vorhof zum Paradies*. Die Ihren Büchern gewidmeten Rezensionen sind zahllos. Und sie verblüffen durch die Begeisterung, von der sie durchdrungen sind. Man kann ohne falsche Bescheidenheit sagen, daß noch nie einem Autor zu seinen Lebzeiten solches Lob zuteil geworden ist. Ihr Name wird mit Voltaire, Swift, Orwell, Kafka, Rabelais, Anatole France und anderen großen Schriftstellern der Weltliteratur in eine Reihe gestellt. Was ist für Sie das Wichtige an diesem Erfolg?

A. S.: In erster Linie die Tatsache, daß es kein politischer, sondern ein literarischer Erfolg ist. Und zweitens, daß der westliche Leser meine Bücher als Bücher über das menschliche Leben überhaupt versteht. Ungeachtet der unvermeidlichen Verluste durch die Übersetzung und ungeachtet vieler unverstandener Details – eine Folge der Unkenntnis der Phänomene des sowjetischen Lebens – haben viele Leser meine Grundideen erfaßt.

I. K.: Und wie empfinden Sie rein psychologisch Ihren Erfolg? Erstaunt er Sie oder nicht? Was gibt er Ihnen?

A. S.: Natürlich erstaunt er mich, aber in dem Sinn, daß ich selbst überrascht bin, wie zeitgemäß meine Bücher für den Westen sind. Die Probleme des Westens haben eine Wendung genommen, die meinen Büchern hier Aktualität verleiht, und es gibt eine recht große Anzahl von Lesern, die sie als Bücher über die gegenwärtige Gesellschaft aufzufassen wissen. Was die Inspiration für neue Bücher betrifft, möchte ich mich vorläufig nicht äußern. Ich habe alle meine Bücher in Moskau geschrieben, auch das letzte, *Im Vorhof zum Paradies*. Ich bin in gewisser Hinsicht ein introvertierter Mensch, das heißt, ich handle zum Großteil aus inneren Motiven heraus. Die Konzeption meiner Bücher hängt nicht von den Bedürfnissen des Lesers ab, sondern ergibt sich notwendigerweise aus dem Bild der modernen Gesellschaft, das ich zeichne.

I. K.: Ich habe vorhin von den Reaktionen in der westlichen Presse gesprochen. Die russischsprachige Presse im Westen indessen nimmt Ihre Bücher auf besondere Art auf, ich würde sagen, auf eine etwas krankhafte Art. Während die Leser Ihren Werken ungewöhnlich viel Interesse und Begeisterung entgegengebracht haben, versucht die russische Presse Ihre Bücher totzuschweigen, obwohl sich in ihr leicht Zeichen dafür erkennen lassen, daß es diese Bücher gibt, daß sie gelesen worden und dem Publikum vertraut sind. Wie stehen Sie zu dieser Reaktion der russischsprachigen Presse?

A. S.: Mich wundert diese Reaktion nicht, ich habe sie erwartet. Wenn sie anders ausgefallen wäre, müßte ich denken, ich hätte meine Sache schlecht gemacht. Gründe für eine solche Reaktion gibt es viele. Meine Stellung hier in den russischsprachigen Kreisen erinnert mich sehr an meine Stellung in der Logik in der Sowjetunion, und das Milieu selbst unterscheidet sich in sozialer und psy-

chologischer Hinsicht wenig von dem in der Sowjetunion. Also habe ich diesbezüglich schon Erfahrung. Ich
glaube auch, daß meine Auffassung von der sowjetischen
Gesellschaft zu der, die sich hier in den Kreisen der russischen und sowjetischen Emigranten etabliert hat, in
Widerspruch steht. Aber nach persönlichen Gesprächen
und Briefen zu schließen, wäre das Urteil über meine
Bücher in der russischsprachigen Presse ein anderes und
läge näher bei demjenigen der westlichen Presse, wenn
alle meine russischsprachigen Leser die Möglichkeit hätten, in der Presse ihre Meinung zu äußern.

I. K.: Sie sprechen von ihren russischsprachigen Lesern. Meinen Sie damit ganz bestimmte Leser? Und
dachten Sie an diese potentiellen Leser, als Sie Ihre Bücher schrieben?

A. S.: Ich habe mich nie an einen oder nach einem
bestimmten Leser gerichtet, auch nicht nach dem Geschmack oder der Weltanschauung anderer. Ich hatte
und habe meinen eigenen Geschmack, meine eigene Weltanschauung, und ich verhielt und verhalte mich in Einklang damit, ganz ohne Rücksicht darauf, wie mein
Werk von anderen aufgenommen wird. Und dennoch
hat sich unwillkürlich eine Ausrichtung auf einen bestimmten Kreis von Menschen ergeben. Aber keineswegs
in dem Sinn, daß ich eigens für sie geschrieben hätte,
sondern das ist so zu verstehen, daß ich schon eine lange
Lebenserfahrung habe, daß ich viele verschiedene Menschen getroffen, ihren Geschmack und ihre Mentalität
kennengelernt habe und daß ich ihnen in der einen oder

anderen Form selbst ähnlich gewesen bin. Ich habe für diejenigen geschrieben, die mir ähnlich sind. Ich wußte, daß es sie gibt. Das sind hauptsächlich gebildete Menschen, die mit verschiedenen Bereichen der heutigen Kultur vertraut sind, bar vieler Illusionen und Vorurteile, Menschen mit Sinn für Humor, bereit, nachzudenken und in der einen oder anderen Form auf das Geschehen zu reagieren, nicht allzu karrieresüchtig oder überhaupt karrierefeindlich gesinnt. Eben die Tatsache, daß ich für mich geschrieben habe, das heißt für Menschen wie mich, hat auch die literarische Form meiner Bücher bestimmt.

I. K.: Sprechen wir über diese literarische Form. Wie würden Sie sie selbst definieren?

A. S.: Ich habe schon mehrmals gesagt und geschrieben, daß ich keine bestimmte literarische Form gesucht habe, sondern daß sie von selbst gekommen ist. Aber das bedeutet nicht, daß ich mir nicht Rechenschaft darüber ablegte, was ich tat. Ich bin bewußt so vorgegangen. Ich habe mir gesagt: Schreibe so, daß dir das Buch als Leser gefällt. Ich hatte vorher eine Menge Ideen über die Literatur, die dem Leserkreis, zu dem ich selbst gehörte, am besten entsprechen konnte. Hier ein Beispiel dafür: Ziehen Sie eine gerade Linie auf einem Papier und betrachten Sie diese danach durch ein Mikroskop. Sie wird Ihnen vorkommen wie ein Elektrokardiogramm eines Menschen mit allen möglichen Herzkrankheiten. Ebenso wird Ihnen auch unser geradliniges, konsequent nach Ursache und Wirkung verlaufendes Leben vorkommen, wenn Sie es durch irgendein intellektuelles Mikroskop hindurch genauer betrachten. Sie werden dann nicht das harmonische und einheitliche Bild sehen, das die übliche Literatur gab und weiterhin gibt, sondern Sie werden einzelne Stücke erkennen, Zickzacklinien, Aufschwünge und Stürze, Lachen, Tränen, Lüge und Ehrlichkeit in erschreckender Disharmonie. Und um aus diesem Bild etwas Ganzes zu machen, sind nicht mehr Linien von Ereignissen notwendig, sondern Linien ideeller Art. Das Interessante daran: bei der Beschreibung einer solchen Realität müssen Sie auch Ihr intellektuelles Mikroskop einbeziehen. Es wird nun selbst ein Element der Beschreibung. Daher sind die sogenannten theoretischen Brocken in meinen Büchern kein Zufall und nicht überflüssig. Ohne deren Verständnis kann man auch nicht meine Beschreibung in ihrem Ganzen betrachten und begreifen.

I. K.: Worüber arbeiten Sie derzeit und wie sehen Ihre weiteren Pläne aus?

A. S.: Ich habe in einem Land gelebt, in dem wie wild geplant wurde, ich weiß, was das bedeutet, und hasse daher alle Arten von Planerei. Ich arbeite ohne Pläne, da ich dafür keine Notwendigkeit sehe. Ich vertraue meiner Intuition und meinen Anlagen und tue nur das, was sich von selbst ergibt, ohne besonderen Zwang. Derzeit bereite ich ohne Hast ein Wörterbuch der wesentlichsten Phänomene des sowjetischen Lebens vor. Das wird eine Art Kommentar zu meinen Büchern für westliche Leser sein. Ich möchte meine Arbeiten im Bereich der Logik ordnen. Ich möchte zeichnen, und mein Traum wäre es, meine Bücher selbst zu illustrieren. Mit einem Wort, es gibt einiges zu tun, und an Ideen fehlt es nicht.

I. K.: Könnten Sie ein paar Worte über Ihr letztes Buch, *Im Vorhof zum Paradies,* sagen?

A. S.: Dieses Buch habe ich auch schon in Moskau geschrieben, im Jahre 1977. Das Thema ist etwa folgendes: Ein Universitätsabsolvent des Instituts für Sozialpathologie gerät an eine Arbeitsstätte in einer geheimen Organisation, einem Archiv für Handschriften von Personen, die als psychisch krank gelten. Seine Aufgabe besteht darin, eine Sammlung solcher Handschriften zu systematisieren. Beim Ordnen und Bearbeiten dieser Papiere lernt er die Schicksale verschiedener Menschen der kommunistischen Gesellschaft kennen – das Schicksal von Schülern, Studenten, Wissenschaftlern, Parteibeamten, Generälen, Akademiemitgliedern usw. Und er entdeckt, daß sie alle in irgendeiner Form unglücklich sind, daß diese Gesellschaft im Grunde eine Gesellschaft von unglücklichen Menschen und eine Gesellschaft für unglückliche Menschen ist.

I. K.: Was ist Ihr Beweggrund, und was gibt Ihnen überhaupt die Kraft zu arbeiten?

A. S.: Diese Frage ist schwer zu beantworten. Es ist jedenfalls weder das Streben nach materiellem Wohlstand noch Ehrgeiz, noch der Wunsch nach Unabhängigkeit. Alle diese Faktoren, die ich eben erwähnt habe, würden nicht ausreichen, eine lange und schwierige Arbeit zu stimulieren. Vielleicht habe ich von meinen Eltern ein gewisses Pflichtgefühl in bezug auf jede Art von

Arbeit geerbt, eine Liebe zur Arbeit, die Fähigkeit zu arbeiten, und das Leben hat mich für die schwierigsten Bedingungen trainiert und mir eine bestimmte Einstellung allen Phänomenen des Lebens gegenüber gegeben. Ich habe mein eigenes System entwickelt, um unter den Bedingungen einer Gesellschaft wie der sowjetischen zu leben und dabei glücklich zu sein. Ich bin diesem System mein ganzes Leben lang strikt treu geblieben. Außerdem hatte ich immer das Gefühl, jemand oder etwas beschütze mich in kritischen Augenblicken, halte mich in bestimmten Grenzen und führe mich. Ich habe ein kompliziertes Leben hinter mir und keinen Anspruch auf einen Heiligenschein. Ich habe viel getrunken; aber plötzlich und für mich selbst unerwartet habe ich das Trinken aufgegeben, und nun trinke ich schon seit sechzehn Jahren keinen Tropfen Alkohol mehr. Acht Jahre lang habe ich an einem Buch über das *Kapital* von Marx geschrieben, aber plötzlich damit aufgehört und es verbrannt. Und es gäbe noch ein Heer von Beispielen für solche Fälle. Als hätte mir dieses »Etwas« oder dieser »Jemand« gesagt, ich hätte meine Aufgabe noch vor mir und sollte mich aufmachen und weitergehen, alles abwerfen, was ohne Bedeutung ist. Mir scheint auch jetzt noch, daß ich meinen Weg noch nicht zu Ende gegangen bin.

München, August 1979

Einige Hinweise

CIEL: Komitee der Intellektuellen für ein freies Europa.

Glawlit: Hauptverwaltung für Literatur und Verlagswesen beim Ministerrat der UdSSR. Faktisch die Zensurstelle.

›Nowy mir‹: Neue Welt.

›Pod znamenem marksisma‹: Unter dem Banner des Marxismus.

Samisdat: Kurzform von samoisdatelstwo, Selbstverlag. Im Selbstverlag erschienene (verbotene) Literatur.

Tschapajew: Partisanenkommandant im Bürgerkrieg 1918 bis 1921, der legendäre Berühmtheit erlangte.

Wolchonka 14: Adresse des Philosophischen Instituts der sowjetischen Akademie der Wissenschaften in Moskau.

›Woprosy filosofii‹: Fragen der Philosophie.